오션 그리드

오션 그리드
전기 고속도로와 전력망의 미래
| 박영삼, 유지선 지음 |
AI
e비즈북스

| 차례 |

추천의 글

전력망은 국가 산업을 움직이는 신경망이자 국가의 경쟁력이다. 나는 오랫동안 전력 계통을 연구하며 발전소보다 더 중요한 것은 그 전기가 흐르는 길이라는 사실을 확신하게 되었다. 《오션 그리드: 전기 고속도로와 전력망의 미래》는 바로 그 메시지를 누구보다 설득력 있게 보여 주는 책이다.

이 책의 대표 저자 박영삼은 정책과 산업 현장을 두루 경험한 실전형 전문가다. 그는 전 산업통상자원부에서 산업 정책을 이끌었고, 현재는 한국해상그리드산업협회 부회장으로 활동하며 전력망의 최전선에서 고민을 거듭해 오고 있다. 나는 한국해상그리드산업협회 자문위원으로서 그와 함께하며, 우리나라 전력망과 산업의 미래를 향한 그의 열정과 헌신을 가까이서 지켜볼 수 있었다. 그의 열정은 단순한 호기심이 아닌 대한민국의 산업과 에너지 시스템을 다음 단계로 올려놓으려는 사명감에서 비롯된 것이었다.

이 책은 유럽의 해상풍력과 슈퍼그리드, 미국과 중국의 송전 프로젝트 같은 세계적인 사례를 통해, 왜 지금의 한국이

'전기 고속도로'를 준비해야 하는지 명확하게 알려 준다. 그리고 무엇보다도 복잡한 전력망 기술을 누구나 쉽게 이해할 수 있도록 풀어내며 독자에게 전력망의 중요성을 설파하기 위해 노력한다.

전력망은 기술만으로 완성되지 않는다. 정책, 산업, 사회적 합의, 그리고 미래에 대한 비전이 함께 맞물려야 한다. 이 책은 바로 그 맞물림의 사례를 보여 준다는 점에서 정책 담당자에게는 지침이 되며, 기업에는 미래를 준비하는 청사진이 될 것이다. 또한 전력망의 미래를 고민하는 모든 이들에게는 이 책이 미래로 나아가는 출발점이 되리라 믿는다.

고려대학교 전기전자공학부 교수, 공과대학장

장길수

감사의 글

이 책이 나오기까지 많은 분의 격려와 응원이 있었다. 무엇보다 해상그리드 산업이라는 아직 낯선 영역의 가능성을 누구보다 먼저 믿고 길을 열어 주신 한국해상그리드산업협회 구본규 회장님께 깊이 감사드린다. 구 회장님의 산업 발전을 향한 의지는 내가 이 책을 쓰게 된 큰 동력이었다.

대한민국 전력망 연구의 선도자인 장길수 고려대 교수님은 원고에 대해 귀중한 조언과 추천의 글을 제공해 주셨다. 장 교수님의 깊은 통찰은 이 책의 논의에 깊이를 더하고 방향을 정립하는 나침반이 되었다.

또한 공동 저자로서 자료 조사와 집필 전반에서 헌신적으로 함께해 준 한국해상그리드산업협회 유지선 매니저에게 진심으로 감사드린다. 그녀의 꼼꼼한 자료 정리와 열정적인 참여가 없었다면 이 책은 세상에 나올 수 없었을 것이다.

이번 출판을 기꺼이 받아들이고 새로운 전기의 시대라는 큰 주제를 독자에게 잘 전달할 수 있도록 애써 주신 e비즈북스의 이은성 대표님께도 특별한 감사를 드린다. 그리고 초고

단계부터 완성본에 이르기까지 매 장마다 방향을 잡아 주고 원고의 숨은 맥락을 끌어올리며, 초보 작가인 우리를 이끌어 준 고정희 편집자님께 깊은 감사의 마음을 전한다. 그녀의 세심한 편집과 아낌없는 조언이 없었다면 이 책의 메시지는 지금처럼 선명하게 독자에게 닿지 못했을 것이다.

마지막으로 언제나 묵묵히 곁을 지켜 준 아내와 딸들에게 감사의 말을 전하고 싶다.

2026년 겨울 용산에서

대표 저자 박영삼

★

"빛이 켜지는 순간, 문명이 시작된다."

전기는 늘 흐르고 있다. 그리고 지금, 우리는 그 흐름의 길을 다시 설계해야 하는 시점에 와 있다. 그 이유는 산업혁명 이후 200년이 넘도록 인류 문명을 지탱해 온 화석 연료 중심의 에너지 체계가 이제 한계에 다다랐기 때문이다. 인공지능, 데이터센터, 전기차, 로봇 등 새로운 기술들이 등장하며 점차 전기의 수요 구조와 공급 체계는 완전히 달라지고 있다. 이 기술들의 공통점은 단 하나다. 바로 전기 없이는 단 1초도 작동하지 않는다는 것이다.

이미 전기의 시대는 시작되었다. 최근 몇 년간 전 세계의 전력 소비량은 급격히 늘고 있다. 그러나 중요한 것은 이 변화의 초점이 전기를 얼마나 많이 생산하는지가 아니라 그 전기를 언제, 어디로, 얼마나 안정적으로 보낼 수 있는지로 옮겨 가고 있다는 사실이다. 더 이상 전기는 생산되는 것만으로는 존재할 수 없다. 전기가 존재하기 위해서는 반드시 연결되고 흘러야 한다. 이제는 전기를 만드는 일보다 전기를 흐르게 하기 위해 전력망을 구축하는 일이 이 시대를 이끄는 핵심 축이 된 것이다.

전기 고속도로는 이미 국가 간 경쟁의 무대이자, 보이지 않는 세계 전력 전쟁의 장이 되고 있다. 누가 더 빠르게, 더 멀리, 더 넓게 연결하는지에 따라 산업의 무게 중심이 이동하고 새로운 경제권이 형성되고 있는 것이 지금의 현실이다.

21세기의 전력망은 케이블과 변환기와 같은 하드웨어의 차원을 넘어 세계의 경제와 외교, 산업과 안보가 교차하는 전략의 영역이 되었다. 전기는 이제 국가의 신경계이자 문명의 생명선으로 진화하고 있으며, 지금도 우리의 눈이 닿지 않는 바다 밑과 땅속에서 누군가는 전기의 길을 잇고 있다. 이 거대한 흐름을 읽지 못하는 나라는 경쟁에서 뒤처질 수밖에 없다. 반대로 전기의 길을 설계하는 나라는 새로운 권력을 갖게 될 것이다. 연결이 곧 국가의 힘이 되는 시대가 열린 것이다.

전기는 저장이 쉽지 않기에 수요와 공급이 실시간으로 맞물려야만 한다. 그리고 그 균형을 유지하는 전력망은 이제 단순한 인프라의 수준을 뛰어넘어 기술이자 산업이며 동시에 전략이 되고 있다. 인공지능 서버와 데이터센터가 늘고, 전기차와 휴머노이드 로봇이 등장하는 시대에 전기와 전력망은 더 이상 배후의 조용한 존재에 머무르지 않고 사회와 경제를 움직이는 핵심 동력으로 주목받고 있다. 이 책은 바로 그 변화 속에서 던진 질문으로부터 출발했다. 전기는 어디에서, 어떻게 흘러야 하는가? 그 길은 누가 설계하고, 어떻게 만들어야 하는가?

'전기 고속도로'라는 개념은 그 질문에 대한 하나의 답이다. 이 책은 대한민국이 마주한 전력망의 구조적 문제와 새로운 기회를 함께 살펴보고자 한다. 우리는 지금 기존의 전력망을 다시 그려야 하는 시대를 살고 있으며, 따라서 더 멀리 연결되고, 더 효율적으로 작동하며, 더 지능적으로 제어되는 새로운 길을 필요로 하고 있다.

이 책의 제목인 "오션 그리드: 전기 고속도로와 전력망의 미래"는 바로 그 변화의 표현이다. 보이지 않는 전기가 바다를 건너 산업을 확장하고 도시를 연결하며 나라의 미래를 이어 주는 이야기를 하려 한다. 이 책이 미래를 고민하는 모두에게 '전기의 시대'를 함께 이해하고 준비하는 작은 나침반이 되길 바란다.

1

어둠이 다가온다

강은 언제나 흐르고, 흐름은 막을 수 없다.
(헤라클레이토스, 그리스 철학자)

평소와 다름없던 정오의 햇살 속에서 한 도시가 순식간에 정적에 잠겼다. 하늘은 구름 한 점 없이 맑았지만 이 도시의 전력망 안에서는 보이지 않는 폭풍이 일고 있었다. 2025년 4월 28일, 스페인 남부 안달루시아 지역에서 시작된 전력 계통 이상은 단 몇 초 만에 스페인 전역과 포르투갈에까지 퍼진 대규모 정전으로 이어졌다. 한 발전소에서 이상이 생기자 연쇄적으로 다른 발전소들이 따라 멈추면서, 몇 초 뒤엔 이베리아 반도 전체 전력의 절반이 사라진 것이다. 그 영향으로 도시의 모든 불빛은 꺼졌고, 달리던 열차가 멈췄으며, 병원의 온갖 기계음은 사라졌다. 이 사태에 놀란 사람들이 핸드폰을 꺼내 들었지만 그들은 통신마저 흔들리는 상황 속에 놓여 있었다.

대정전의 원인은 여러 가지였지만 전문가들은 늘어난 발

[그림1] 대정전 사태 당시 스페인 안달루시아의 위성 이미지 (출처: NASA)

전에 비해 길이 부족했기 때문이라고 입을 모았다. 태양광과 풍력으로 생산된 전기는 넘쳤지만 그 전기를 멀리 보내거나 저장할 전력 계통이 없었다. 스페인은 에너지의 미래를 앞서 갔음에도 그 길을 제대로 깔지 못했던 것이다.

비슷한 일은 2016년 호주에서도 이미 벌어진 적이 있었다. 남호주주州를 강타한 폭풍이 송전탑을 쓰러뜨리자, 그대로 전력망의 주요 송전선로가 한꺼번에 끊어졌다. 전기가 흐를 길이 사라지면서 풍력발전소들은 자신을 보호하기 위해 발전기를 멈췄다[1]. 전력 공급이 무너진 그 몇 초 사이에 주

1 전기를 보낼 곳이 없으면 발전기 내부 회로에 과부하가 걸리고, 회전 속도와 전압이 불안정해져 기계 자체가 손상될 수 있다. 그래서 발전소는 송전망이 무너졌을 때 자동으로 정지하도록 설계되어 있다.

전체는 어둠에 잠기고 말았다. 가로등과 신호등이 꺼져 교통이 마비됐고, 멈춰 버린 엘리베이터 안에 갇힌 사람들은 하염없이 구조를 기다려야 했다.

호주의 전력 운영 기관인 호주에너지시장운영공사AEMO[2]의 한 엔지니어는 "재생에너지는 많았지만, 정작 그 에너지를 흡수할 길이 없었다"고 회고했다. 만약 전기가 흐를 수 있는 길이 더 충분했다면 단지 송전탑이 쓰러졌다고 해서 주 전체의 전력 공급이 막혀 이와 같은 피해가 발생하는 일은 없었을 것이다.

먼 나라의 뉴스로만 보이는 이런 일들은 어느새 그림자처럼 우리 곁에도 다가와 있다. 전남과 제주의 풍력 단지에서는 현재 출력 제한[3]이 일상이다. 남는 전기를 보낼 길이 없어 발전소가 '스스로' 멈춰야 하는 상황이 반복되곤 한다. 그러나 반대로 도시에서는 전기가 모자란다. 반도체 공장, 데이터센터, 전기차 초급속충전소 등 한 곳에서 수백 MW(메가와트)를 쓰는 시설들이 거대한 전기 먹는 괴물처럼 자라나고

---

2 호주에너지시장운영공사Australian Energy Market Operator, AEMO는 호주 전역의 주요 전력 시장과 전력망을 관리하고 운영하는 역할을 담당한다. AEMO는 정부와 산업계가 공동으로 출자하여 설립된 기관으로, 호주 에너지 시장의 효율적인 운영과 소비자 이익 증진을 목표로 하고 있다.

3 출력 제한curtailment은 전력 수요보다 공급이 많을 때, 전력망의 안정성을 유지하기 위해 발전소의 출력을 의도적으로 줄이는 조치를 말한다. 주로 재생에너지의 발전이 많아 일시적으로 전력이 과잉 생산될 때 발생하며, 전력 공급과 수요의 균형을 맞추려는 조치이다.

[그림2] 정전된 남호주주 (출처: TIME)

있기 때문이다. 수요는 폭증하지만, 그들을 연결할 송전선은 여전히 좁기만 한 실정이다.

2011년 9월 한국에서도 전국적인 순환 정전이 있었다. 불과 몇 분 만에 160만 가구가 어둠 속에 놓인 그날 오후, 불시에 서울의 지하철 역사와 상가, 아파트의 불이 동시에 꺼졌고 신호등마저 작동을 멈춰 교차로마다 혼란이 일었다. 이처럼 전력망은 교통망과 같다. 병목 현상이나 불안정한 흐름으로 인해 어느 한 구간이 막히면 그 파장은 순식간에 더 먼 지역으로 이어진다. 지금의 전력망은 이미 여러 곳에서 그 '정체 구간'을 드러내고 있다.

길이 좁으면 교통이 막히듯, 전력망이 한계에 이르면 자연스러운 수순으로 전기가 멈추고 산업과 도시도 함께 멈추게 되어 있다. 지금도 여러 곳에서 한계 신호를 보내고 있는 이러한 전력망 문제의 해결책은 분명하다. 더 많은 연결과 더 높은 완충력, 그리고 더 빠른 제어가 필요하다. 다시 말해 '얼마나 생산하느냐'가 아니라, '어떻게 흐르게 하느냐'에 집중해야 할 때가 온 것이다.

| 심장이 뛰어도 혈액은 도달하지 못할 수 있다 |

전력망은 눈에 보이지는 않지만 국가 전체의 흐름을 결정짓는 인프라다. 현대를 살고 있는 우리는 전력을 마치 공기처럼 소비하고 있으며 이제 불빛이 존재하지 않는 일상은 상상하기 어려울 지경에 이르렀다. 그러나 그 전기가 어디에서 오고, 또 어떤 길을 거쳐 오는지를 생각해 본 사람은 아마 드물 것이다.

발전소를 심장에 비유할 수 있다면, 전력망은 혈관이다. 발전소에서 생성된 전기는 초고압 송전선을 타고 수백 km를 달려 도시의 변전소로 들어온다. 그곳에서 전압이 조정된 전기는 다시 골목마다 설치된 배전선으로 흘러가 아파트, 사무실, 편의점, 병원의 콘센트를 통해 우리에게 도착한다. 그 길에서 어느 한 곳이라도 막힌다면, 아무리 심장이 뛰더라도 혈액은 몸 구석구석까지 도달하지 못하게 된다.

[그림3] 전기는 여러 길을 거쳐서 우리에게 온다

이제 우리는 전력망을 단순한 기술 설비라기보다는 국가의 형태를 결정하는 핵심 인프라이자 사회적 플랫폼으로 생각해야 한다. 서로 맞물리며 이곳저곳을 효율적으로 잇는 도로가 결국 커다란 도시를 만들듯, 전력망은 산업과 인구의 지도를 다시 그리기 때문이다. 그럼에도 여전히 우리의 관심은 발전소만을 향해 있다. 태양광 패널, 원자로, 풍력 터빈이 돌아가는 발전소는 분명 화려한 외관으로 우리의 눈길을 사로잡는다.

그러나 그 사이를 잇는 투명한 전기 회로는 눈에 보이지 않기에 쉽게 잊히기 마련이다. 지금의 전력망은 도로로 치면 왕복 2차선으로, 트럭과 오토바이, 자율주행차가 동시에 달리고 있는데도 도로의 폭은 이전에 비해 변하지 않은 상태

그대로다. 이런 상황에서는 교통에 정체가 생길 수밖에 없다.

에너지의 중심은 이미 생산에서 소비로 옮겨 간 지 오래이며, 국가 경쟁력을 높이기 위해서는 그 흐름을 따라가야 하는 것이 당연하다. 이제는 전력을 '만드는' 일보다 '흘려보내는' 일이 더 어렵고 또 중요해졌다. 지금의 사회에서 전력망을 설계한다는 건 경제의 혈류를 재배치한다는 뜻이다. 에너지 안보, 디지털 산업, 지역 발전과 같이 우리의 미래를 책임지는 모든 것은 결국 한 줄의 전선 위에서 갈리게 되는 것이다.

| 이제 필요한 것은 새로운 길이다 |

재생에너지는 전국에 분산되어 있다. 전남에는 바람이, 새만금에는 태양이 있다. 에너지를 공급하는 이들은 흩어져 있는 반면, 에너지 소비는 대부분 수도권에 몰려 있다. 현재 전력의 수요는 그야말로 폭발하고 있다. 데이터센터 하나가 중소도시 한 곳의 전기를 먹어 치우며, 한 산업 단지는 수 GW(기가와트) 단위로 전력을 요구하기도 한다. 하지만 우리가 사용하는 송전망은 여전히 낡은 20세기의 구조를 유지하고 있다는 점이 바로 문제다. 결국 그들을 잇는 길이 없다면 전기는 어디에도 도착하지 못하는 셈이다.

지금의 전력망은 '한 방향 흐름'을 전제로 만들어졌다. 발전소 → 변전소 → 도시로 이어지는 흐름이다. 하지만 오늘날 전기는 이런 식으로 단순하게 움직이지 않는다. 낮에는 넘쳐흐르는 태양광을 밤에는 찾아볼 수 없고, 풍력 터빈은 오직 바람이 불 때만 돌아간다. 이처럼 재생에너지 시대에 에너지 수요와 공급은 시시각각 뒤바뀐다. 그 모든 변동을 받아 낼 길, 그것이 바로 '전기 고속도로'다.

이 고속도로는 단순히 더 굵고 넓은 도로를 말하는 것은 아니다. 전기 고속도로란 '지능형 회로'와 같다. 여기에선 필요한 곳으로 실시간 전류를 돌린 뒤, 남는 전기는 저장하거나 우회시키는 디지털 제어가 그 뼈대 역할을 한다. 이제 약간의 갓길을 내는 정도로는 더는 버틸 수 없기 때문이다. 더욱 많은 트래픽을 수용할 수 있도록 차로를 넓히고, 새로운 도착지를 향해 고속도로를 내야 할 필요가 있다.

[그림4] 이제는 더 빠르고 더 넓은 고속도로가 필요하다

더 높은 전압, 더 먼 송전, 더 정밀한 제어라는 기능을 지닌 전기 고속도로의 핵심은 바로 초고압 직류 송전, HVDC[4]다. 이 방식은 전기를 직류로 바꿔 먼 거리로 보낼 수 있는 덕분에 전력 손실이 적고, 또한 대용량 송전이 가능하다는 장점이 있다. 해상풍력에서 생산된 전기를 가장 효율적으로 수도권으로 보내려면 지금으로선 이 방식이 유일하다.

물론 이 길은 모든 전기에 열려 있다. 해상풍력뿐만 아니라 원자력도, 화력도, 태양도, 풍력도, 송전망에 들어오는 순간 다 같은 전기일 뿐이다. 전력망은 연료를 차별하지 않고 모든 것이 조화롭게 흘러가게 한다. 우리가 고민해야 할 핵심은 그 전기를 어떻게 효율적이고 안정적인 방식으로 흘려보낼 것인가이다. 안정적이고 유연하며 개방적인 전력망만 있다면 태양광도, 원자력도, 수소도, 심지어는 이웃 나라의 전기까지도 실어 나를 수 있다.

"미래는 거창한 발명으로 오지 않는다. 더 잘 깔린 길로 온다." 한국자원경제학회장인 단국대학교 경제학과 조홍종 교수가 2025년 4월 전력망 세미나에서 한 이 말은 전력망의 미래를 명확히 드러내고 있다. 이제 우리에게 필요한 것은

---

4 초고압 직류 송전High Voltage Direct Current, HVDC은 교류 전력을 직류로 변환하여 초장거리로 송전한 후, 이를 다시 교류로 재변환하는 기술이다. 이 방식은 기존의 교류 송전보다 장거리 송전 시의 전력 손실이 적고, 해저나 지중 송전에 유리하며, 대규모 전력 계통을 안정적으로 연결한다는 장점이 있다.

[그림5] 전기 고속도로는 모든 전기에 열려 있다

바로 더 굵고, 더 깊고, 더 멀리 가는 새로운 길이다.

내셔널 그리드
National Grid

내셔널 그리드National Grid는 영국과 미국 북동부 지역의 전력과 가스 송전망을 운영하는 글로벌 인프라 기업이다. 1947년 영국국유전력청British Electricity Authority으로 출발해 1990년대 민영화되었으며, 현재는 런던증권거래소에 상장된 공공 인프라 전문 민간 기업이다. 영국의 대표 주가지수인 FTSE 100[5]의 구성 종목이기도 하다.

본사는 런던에 위치하며, 전 세계 약 31,600명의 임직원이 근무하고 있다. 2024~2025 회계연도 기준 매출은 약 184억 파운드, 시가총액은 약 780억 달러 수준이다. 내셔널 그리드는 안정

5 FTSE Financial Times Stock Exchange 100은 런던증권거래소에 상장된 기업 중 시가총액 상위 100개의 주가를 지수화한 영국의 대표 주가지수이다. 이는 영국 경제의 대표적인 지표이며, 영국을 대표하는 대기업들로 구성되어 있어 세계 경제에도 큰 영향을 미친다.

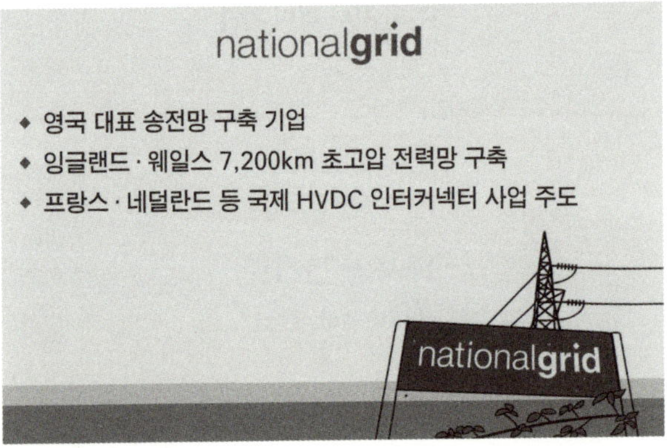

[그림6] 내셔널 그리드

적이면서도 장기적인 인프라 수익 구조를 기반으로, 영국 전력 시장의 핵심 운영자이자 세계적인 송전 기업 중 하나로 손꼽힌다.

내셔널 그리드는 약 7,200km의 초고압 송전선과 330여 개의 변전소를 관리하며, 영국 전체 전력의 90% 이상을 공급하는 국가 전력망을 책임지고 있다. 24시간 내내 발전과 수요의 균형을 실시간으로 조정하고, 재생에너지 확대에 따라 급격히 변동하는 전력 흐름을 안정적으로 흡수하기 위한 디지털 제어 시스템과 에너지 저장 기술을 지속적으로 도입하고 있다.

최근 내셔널 그리드는 "넷 제로 시대의 백본Backbone of the Net Zero Future"을 비전으로 내세우며, 해상풍력과 재생에너지 확산에 대응하여 해저 송전망 구축에 주력하고 있다. 특히 영국 정부의 탄소중립 로드맵에 따라 추진 중인 'Pathway to 2030' 프로젝트는 북해의 대규모 해상풍력 단지 전력을 수도권과 잉글랜드

중부의 산업 지대로 직접 연결하는 초대형 인프라 계획이다. 이 계획은 17개의 신규 해저·지중 HVDC 노선을 포함하며, 영국 전력 인프라 역사상 최대 규모의 송전 확충 사업으로 평가된다.

또한 내셔널 그리드는 프랑스, 네덜란드, 노르웨이, 덴마크 등 유럽 각국과의 해저 HVDC 인터커넥터Interconnector 사업을 선도하고 있다. 노르웨이와의 북해 연결망, 프랑스와의 IFA-2Interconnexion France-Angleterre 2, 네덜란드와의 브릿네드BritNed 등이 대표적이다. 이러한 전력 연계망은 국경을 넘어 전력을 거래하고 각국의 전력 수급을 상호 보완하는 유럽 지역 전력 슈퍼 그리드European Supergrid의 핵심 축을 이루고 있다.

이처럼 내셔널 그리드는 전력망 운영자를 넘어, 국가 에너지 시스템을 설계하고 미래의 전력 경제를 가능하게 하는 플랫폼 기업으로 진화하고 있다.

2

전기 먹는

하마들이 몰려온다

전기는 현대 문명의 신경계다.
(제레미 리프킨, 미래학자)

오늘날 산업은 새로운 숨을 쉬기 시작한다. 그 숨은 바로 전기다. 과거의 산업이 석탄과 철로 움직였다면 현대의 산업은 전기로 움직인다. 한때 증기기관이 세상을 달리게 했다면 이제는 전류가 모든 것을 움직인다.

전기는 지금껏 인류가 손에 쥔 에너지 중에서도 가장 빠르게 자신을 확장한 자원이다. 다른 자원들과 달리 전기는 효율이 높아질수록 오히려 사용량이 늘어난다. 전기를 절약하려는 기술이 발전할수록 새로운 전기 소비가 생겨나기 때문이다. 예를 들어 스마트폰이 등장하면서 사람들이 사용하는 충전기의 수가 늘었고, 클라우드가 생기면서 서버가 늘었고, 인공지능이 발전하면서 데이터센터가 늘었다. 이와 같이 새로운 기술은 전기를 부르기 마련이다.

이 장에서는 이 시대의 새로운 주인공들(데이터센터, 반도체,

로봇, 그리고 미래 교통수단), 즉 '전기를 먹고 자라는' 산업들을 따라가 볼 것이다. 그들은 21세기의 산업 혁신이 얼마나 전기 의존적이 되었는지를 가장 극명하게 보여 주는 요소들이다.

| 전기는 보이지 않는 호흡이다 |

이제 세상의 심장에서 엔진의 피스톤은 사라지고 대신 리튬 이온이 뛰고 있다. 석유가 연소하던 자리에는 전기 배터리가 들어섰고, 도로 위에는 점점 더 많은 전기차가 달리고 있다. 차체에 연료통 대신 배터리팩을 심은 차들로 생산 라인을 채우며 지금 세계 곳곳의 자동차 공장들은 조용히, 그러나 급속도로 변신 중이다.

어느덧 전기로 달리는 버스와 트럭은 물론이고, 심지어는 전기로 움직이는 비행기도 시범 운항을 시작했다. 자연스럽게 주유소 대신 전기 충전소가 늘어나면서 '전기 주행거리'가 새로운 자동차의 기준이 되었다. 이 변화는 교통 혁명일 뿐만 아니라 에너지 문명의 방향을 바꾸는 사건이 된다. 점차 에너지의 중심이 석유에서 전기로 이동하고 있다는 것을 명확히 보여 주기 때문이다.

산업 현장에서도 전기는 새 언어가 되었다. 점점 자동화되는 공장의 팔이자 손인 로봇은 물론 전기로 움직이며, 각종

센서와 제어기가 생산의 전 공정을 계산하고, 때로는 더 높은 효율성을 위해 기계와 기계가 스스로 대화하기도 한다. 또한 반도체, 배터리, 데이터센터 산업은 24시간 불이 꺼지지 않는 산업이다. 이들은 전기를 많이 쓰는 산업인 동시에 전기가 멈추면 곧바로 생명이 멈추는 산업이다. 한 줄의 전류가 끊기는 순간 수십억 원의 웨이퍼가 공정 중단과 함께 폐기되고 만다. 이처럼 '전력 안정성'은 곧 '산업 경쟁력'과 다를 바 없는 말이 되었다.

도시에 사는 사람들의 하루도 전기로 시작해 전기로 끝난다. 스마트폰의 알람 소리에 눈을 뜨고, 전기 포트가 끓인 물로 커피를 마시며, 일상 곳곳에서 클라우드가 데이터를 실어 나르고, 인공지능이 그것을 해석한다. 이 모든 과정은 끊임없이 흐르는 전기의 강 위에서 이루어진다. 전기는 이제 디

[그림7] 산업 현장과 일상에서 전기는 새로운 언어가 되었다

지털 사회의 기반이며, 모든 기술의 공통 언어가 되었다.

그 흐름은 자연스럽게 우리가 생활하는 가정 안으로도 스며들었다. 냉장고와 세탁기, 청소 로봇, 조명, 공기청정기 등 모든 것이 전기로 움직인다. 이제 가스레인지 대신 인덕션이, 석유 보일러 대신 전기 히트펌프가 들어선 모습은 우리에게 매우 익숙하다. 이처럼 '전기화'는 더 이상 산업만의 이야기가 아니다. 집과 거리를 비롯한 인간의 일상 전체가 전기로 재편되고 있다.

전기의 수요를 폭증시키는 원인 중 하나는 바로 기후 위기를 막기 위한 '탈탄소화'이다. 석탄과 가스를 통한 전력 생산을 줄이고 태양광과 풍력 발전을 늘리려면 결국 더 많은 전기가 필요하게 된다. 에너지를 깨끗한 방식으로 만들어 내려고 할수록, 그 에너지는 전기 형태로 저장되고 소비될 수밖에 없다. 따라서 세상은 지금 거대한 전기화의 길 위에 있다고 할 수 있다. 전기는 문명을 움직이는 새로운 산소, 즉 모든 산업이 호흡하는 숨결이 되었다.

| 지능을 얻기 위해 전기를 태운다 |

예전엔 대부분의 공장에서 철강이나 자동차를 만들었다면, 이제는 데이터를 가공하고 인공지능AI 모델을 학습시키는

'디지털 공장'이 산업의 중심이 되고 있다. 바로 AI 데이터센터이다. AI 데이터센터는 21세기의 제철소이자 전기의 새로운 용광로이다. 하루 24시간, 1년 365일, 전류가 계속해서 흐르는 이 디지털 공장은 쉬지 않는다. 벽을 가득히 채운 서버랙server rack[1]이 숨을 쉬듯 떨리고, 그 안에선 수천 개의 GPU가 동시에 연산을 수행한다. AI 모델 하나를 학습시키는 일은 거대한 두뇌를 만드는 과정과도 같다.

이 과정에서 필요한 전력의 규모는 상상을 초월한다. 예컨대 GPT-3 같은 대규모 언어 모델을 한 번 학습시키는 데만 약 1,300MWh(메가와트시)의 전력이 든다. 이는 원자력 발전소 1기에서 1시간 동안 생산되는 전력량, 또는 우리나라의 약 3,600가구가 한 달간 쓰는 전력량에 맞먹는다. AI 모델이 커질수록, 그리고 학습 데이터가 많아질수록 필요 전력은 폭포처럼 쏟아진다. 지능을 얻기 위해 전기를 태워야 하는 시대가 열린 것이다.

AI 전용 데이터센터 한 곳이 쓰는 전력은 시간당 수십에서 수백 MWh로, 한 달이면 100GWh(기가와트시)가 넘어간다. 이는 같은 기간 동안 서울 용산구 전체가 소비한 전력량

---

1 서버랙 또는 랙마운트rackmount는 여러 서버를 체계적으로 설치하고 정리하기 위해 사용하는 표준화된 캐비닛이다. 데이터센터나 서버실에서 사용되며, 서버뿐만 아니라 네트워크 장비, 스위치, 라우터 등 다양한 IT 장비를 효율적으로 관리할 수 있도록 물리적 지지, 전원 공급, 냉각 시스템, 케이블 정리 및 보호 기능 등을 제공한다.

[그림8] AI 데이터센터의 전력 수요는 원전에 맞먹는다

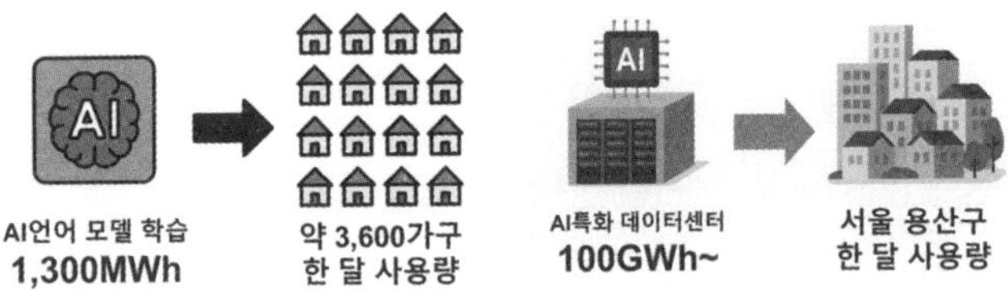

[그림9] AI 언어 모델 하나와 데이터센터의 월간 전력 사용량 비교

에 해당한다. 매일 밤낮으로 불빛이 꺼지지 않는 이 시설은 클라우드 기업과 인공지능 산업을 든든하게 받치는 복근이라고 할 수 있을 정도로 핵심적인 기능을 하고 있다.

문제는 이 거대한 공장들이 대부분 도시 주변에 집중되어 있다는 것이다. 데이터를 빠르게 주고받기 위해 통신망과 가까운 곳을 택한 결과지만, 이 전략적 선택은 전력의 병목 현상이 생겨나는 데 일조했다. 서울과 수도권의 변전소는 이미 포화 상태가 되어, 새로운 전력을 받아들일 여유가 없다.

이러한 이유로 한국전력은 일부 지역에서 새로운 데이터센터의 수전受電 허가를 제한하고 있다. 실제로 전기를 끌어올 길이 없어 몇 년째 데이터센터의 착공조차 못 하는 일도 생겨났다. 그 대표적인 사례가 바로 아마존웹서비스AWS의 인천 데이터센터다. AWS는 2023년 인천 서구에 7조 8,500억 원 규모의 거대한 데이터센터를 건립하겠다고 발표했다. 하지만 이 프로젝트는 전력 수급의 불확실성과 송전선로 부족 문제로 인해 인허가가 지연되면서, 착공이 계속 미뤄지고 있다. 기술은 준비됐지만 전기가 따라오지 못한다는 인공지능 시대의 역설을 바로 여기에서 발견할 수 있다.

산업통상부에 따르면, 2026년까지 국내 데이터센터가 신

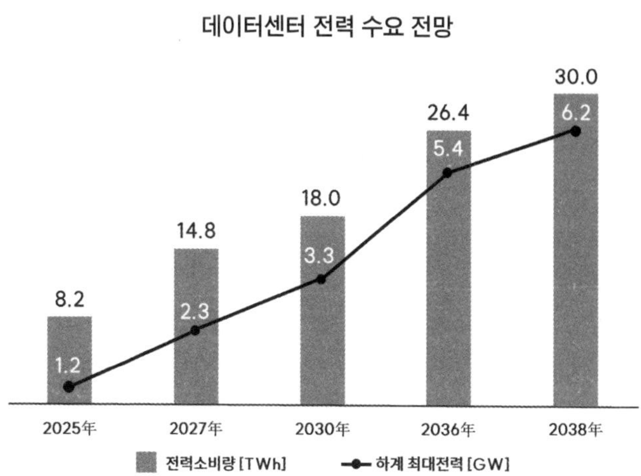

[그림10] 데이터센터 전력 수요는 급속히 증가하고 있다

청한 전력 수요는 6.5GW에 이른다. 그러나 현재의 전력망 현실에서 공급 가능한 용량은 4.6GW로, 수요의 약 70% 수준에 불과하다. 이는 기존의 전력망이 한계에 다다르고 있다는 신호다.

2038년이면 전국 데이터센터의 전력 사용량이 연간 30TWh(테라와트시)에 이를 것으로 전망된다. 이는 2023년의 6배이며, 한국형 원자력발전소 2기에서 1년 동안 생산되는 전력과 맞먹는 수준이다. 여름철 최대 부하 시기의 전력 수요는 6.2GW까지 늘어나 원전 4기가 동시에 돌아가야 감당할 수 있는 양이 된다. 전기를 끌어올 새로운 송전선이 없으면 아무리 뛰어난 AI라도 작동할 방법이 없다.

AI 데이터센터는 이제 국가 전력망 계획의 중심 변수이자 산업 경쟁력을 결정짓는 핵심 인프라가 되었다. 우리가 사는 시대에는 전기가 충분하지 않으면 데이터와 인공지능뿐만 아니라, 산업과 국가도 멈추게 된다. AI 시대의 경쟁력은 결국 얼마나 안정적으로 전기를 공급할 수 있는지에 달려 있다고 해도 과언이 아닌 수준이다.

| 반도체 칩은 전기를 먹고 태어난다 |

세계에서 가장 많은 전기를 쓰는 곳은 바로 세계에서 가장 작은 것을 만드는 공장이다. 그 공장에는 금속을 녹이는 용광로나 굉음을 발생시키는 기계는 존재하지 않는다. 그 대신 눈에 보이지 않는 미세한 전자가 흐르고, 미세먼지 하나도 허락하지 않는 깨끗한 공기로 가득한 그곳은 바로 반도체 공장, 팹Fab이다.

우리가 매일 손에 쥐는 스마트폰, 위생을 책임지는 세탁기, 자동차의 전자 제어 장치, 심지어 냉장고의 온도 조절 칩까지 모두 팹에서 태어난다. 팹에서는 지름 12인치의 실리콘 웨이퍼 한 장 위에 수십억 개의 회로를 새기기 위해 미세한 패턴으로 빛이 쪼개지고, 가스와 플라즈마가 분자 단위의 조각을 남긴다.

당연하게도 이 모든 과정은 전기를 기반으로 작동한다. 우선 칩을 만드는 팹의 내부는 완벽한 인공 환경으로 통제된다. 미세먼지 한 톨도 용납하지 않는 공기, 그리고 23°C의 온도와 45%의 습도를 유지하는 정밀한 제어 시스템으로 클린룸의 공기는 매분 수백 번 순환한다. 또한 나노미터 단위로 회로를 새기는 극자외선EUV 포토리소그래피photolithography[2] 장비는 태양보다 밝은 빛을 내며 어마어마한 전력을 삼킨다. 레이저가 한 번 점멸할 때마다 수천 A(암페어)의 전류가 흐

2 반도체와 디스플레이 제조에 사용되며, 빛을 이용해 기판에 회로나 패턴을 그리는 공정을 일컫는다. 웨이퍼 위에 감광성 물질(포토레지스트)을 바르고 마스크를 씌운 뒤 빛을 쬐어 원하는 회로 패턴을 그린다.

[그림11] 반도체 팹은 전기로 움직이는 초정밀 스마트 팩토리다

르고, 단 0.1초의 정전이나 전압 변동에도 수억 원짜리 웨이퍼들이 폐기되곤 한다. 그래서 팹은 항상 전기에 목마른 상태일 수밖에 없다.

한국의 용인 반도체 클러스터는 그 단면을 보여 준다. 삼성전자와 SK하이닉스가 각각 360조 원, 120조 원을 투자해 조성하고 있는 이 거대한 산업 단지는 향후 세계 최대의 반도체 메가 클러스터를 이룰 것으로 기대된다. 그 안에는 반도체 팹과 함께 소재·부품·장비 기업이 함께 들어설 예정이다. 한 개의 팹이 소비하는 전력은 연간 약 5TWh로 충청북도 충주시 전체의 1년 사용량에 맞먹는다. 용인 반도체 클러스터엔 그런 팹이 네다섯 개씩 동시에 들어서는 것이다. 그렇게 된다면 그곳은 이제 하나의 '전기 도시'라고 불릴 만하다.

[그림12] 용인 원삼면에 조성되는 SK하이닉스 반도체 클러스터 조감도

끊임없이 더 작고 더 빠르고 더 강력한 칩을 만들어 내는 반도체 산업의 혁신은 눈부시지만, 그 이면에는 항상 막대한 전력 인프라가 있기 마련이다. 점차 칩이 작아지고 연산이 빨라지면서 그 속을 움직이는 전기는 점점 더 많아지고 있다. 미세공정으로 갈수록 장비는 더 높은 전압과 더 높은 온도, 그리고 더 정밀한 환경을 요구하기 때문이다. 결국 '작아지는' 칩을 만들기 위해 '커지는' 전력망이 필요하다. 전기가 멈추면 공정이 멈추고, 공정이 멈추면 칩은 존재하지 않는다. 그리고 칩이 없으면 인공지능도 없다. 반도체의 경쟁력은 기술력만이 아니라 전기의 안정성으로도 결정된다.

한 가닥의 전류가 흔들리면 수조 원의 가치가 증발하고 만다. 현재 산업의 연료는 의심할 여지 없이 전기라고 할 수 있다. 공장을 돌리는 힘은 이제 배럴이 아닌 전류의 안정성에 기반한다. 따라서 그 전기를 멀리서도 끊이지 않고 공급할 수 있는 전기 고속도로야말로 미래 산업의 성패를 가르기 위한 기술이라고 할 수 있다. 마치 작고 정교한 칩 위에 서 있는 것처럼 보이는 세상의 발밑에는 그 누구도 보지 못하는 거대한 전기의 강이 흐르고 있다.

| 휴머노이드는 멈추지 않는다 |

AI가 말을 배우고 그림을 그리는 동안 조용히 시작된 또 다른 형태의 진화는 바로 휴머노이드다. 이제 인공지능이 탑재된 휴머노이드는 더 이상 공상과학적 상상에 머무르지 않고, 보고 듣고 움직이고 느끼는 새로운 '전기 생명체'로 태어나고 있다.

이들은 데이터로만 존재하던 연산 과정을 다리와 팔, 손끝의 움직임으로 바꾸고, 보이지 않던 신호를 근육을 움직이는 에너지로 바꾼다. 휴머노이드는 머리만을 가지는 기존의 인공지능과 달리, 몸체를 가진 물리적 인공지능이다. 휴머노이드 1대는 작은 발전소만큼의 복잡한 전기 회로를 지닌다. 몸체 안에서 숨 쉬는 30~40개의 모터는 팔을 들거나 허리를 숙이거나 고개를 돌릴 때마다 각각 50~150W(와트)의 전력

[그림13] **휴머노이드는 그야말로 '전기 먹는 하마'다** (출처: Boston Dynamics)

을 소모한다. 결국 휴머노이드는 매 순간 약 1~2kW(킬로와트)의 전기를 먹으며 움직이는 것이다.

여기에 로봇의 두뇌 역할을 하는 GPU도 추가된다. 이 장치는 수백억 개의 연산을 매초 실행하고, 음성을 인식하고, 공간을 스캔하고, 사람의 표정을 해석한다. 연속 작동 시 하나의 고성능 GPU는 400~600W를, 심지어 일부 모델은 1kW 이상의 전력을 소비한다. 이 모든 것이 동시에 작동할 때 휴머노이드 1대는 하루 약 90kWh(킬로와트시)의 전기를 먹게 된다. 이는 약 7가구가 하루 동안 쓰는 전력과 맞먹는 양이다.

휴머노이드가 사용하는 전력량이 얼마나 큰지 더 확실히 느끼기 위해 100대의 휴머노이드가 하나의 물류센터에 투입

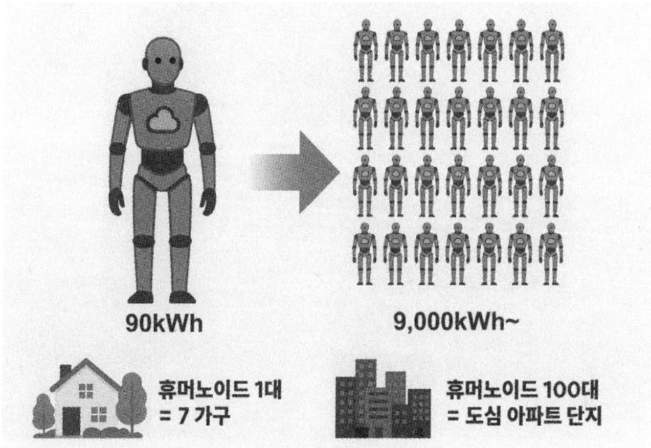

[그림14] 휴머노이드의 전력 소비량은 생각보다 많다

되는 경우를 상상해 보자. 그들을 동시에 움직이려면 하루 9,000kWh 이상의 전기가 필요하다. 이는 약 750가구짜리 아파트 단지가 쓰는 전력량과 맞먹는다. 만약 그 수가 수천 대로 늘어나게 되면, 이 물류센터는 그 자체로 하나의 산업 단지급 전력 수요지가 될 것이다.

결과적으로 휴머노이드 산업의 성장은 전력 인프라의 용량에 전적으로 의존할 수밖에 없다. 더 이상 휴머노이드를 그저 실험실의 장난감으로 생각해서는 안 된다. 휴머노이드가 인간의 노동을 보완하는 시대는 생각보다 우리 가까이에 다가와 있다. 이들은 더 많이 움직이고 학습할수록, 그리고 더 '인간처럼' 진화할수록 더욱 많은 전기를 요구할 것이다. 점점 높아지는 이들의 성능을 뒷받침하기 위해서는 더 넓고

촘촘한 전력망이 필요하다.

지금 우리는 인간의 노동을 대신하는 새로운 전기 소비자를 맞이하고 있다. 그들의 에너지는 연료가 아니라 전기의 길로부터 온다. 전기가 끊길 때 그들은 멈추고, 전기가 흐를 때 그들은 살아 움직인다. 그들의 근육을 움직이는 것은 전자기장의 진동이며, 그들의 호흡은 전류의 흐름이다. 휴머노이드를 만드는 국내 로봇 스타트업 로브로스ROBROS의 박현준 이사가 말한 것처럼, "기계는 멈추지 않는다. 다만 전기가 끊길 뿐이다."

이런 상황에서, 전력 인프라가 먼저 준비되지 않는다면 기술의 도입조차 지연될 수 있다. AI는 지능을 얻기 위해, 휴머노이드는 몸을 움직이기 위해 전기를 삼킨다. 이제 우리가 그들의 시대를 준비한다는 것은 그들을 움직이기 위한 길, 즉 전기 고속도로를 먼저 준비한다는 뜻이다.

| 전기를 길들이는 자가 하늘을 난다 |

지난 세기에 인간은 드디어 하늘을 정복했다고 믿었으나, 현재 우리에게는 새로운 하늘이 다시금 열리고 있는 중이다. 이번에는 전기로 하늘을 나는 시대가 도래했다. 이미 여러 나라에서는 전기비행기와 수직이착륙 전기항공기eVTOL, electric Vertical Take-Off and Landing의 시험 비행이 일상처럼 이어지고 있고, 그중 일부 노선은 상업 운항까지도 앞두고 있다.

eVTOL은 전기를 동력으로 하는 새로운 형태의 항공기다. 연료 대신 배터리를 품고 기체 하단에 장착된 수십 개의 전기 모터와 프로펠러로 공기를 가르는 이 항공기는 거대한 활주로가 없어도 빌딩 옥상에서 곧바로 솟아오를 수 있다. 전력을 순간적으로 분사해 수직으로 이륙한 뒤 그 어떤 항공기보다도 조용하게 하늘을 누빈다. 이러한 기술을 통해 우리가 하늘을 나는 방식이 바뀌자, 그에 따라서 하늘의 에너지 질서도 전기를 따라 점차 바뀌고 있다.

eVTOL은 도시의 이동 방식을 지상에서 하늘로 확장시키는 새로운 교통망이다. 이 기술은 사람과 도시가 필요로 하는 더 빠르고 가까운 연결을 제공하며, 이를 통해 응급 의료 수송이나 관광·물류 서비스 등 지금까지 하늘에 없던 시장을 만들어 낼 수 있는 미래 모빌리티 플랫폼 등 새로운 산업 생태계를 여는 역할을 하고 있다.

eVTOL의 상용화는 더 이상 미래의 이야기가 아니다. 미국, 유럽, 중동, 중국 등 세계의 주요 국가들은 2026년을 전후해 eVTOL의 초기 상업 운항을 시작할 준비를 거의 마친 상태이며, 2030년경에는 eVTOL이 공항 셔틀·도심 연결·응급 서비스 등에서 일상적인 교통수단의 한 축으로 자리 잡을 것이라는 전망이 힘을 얻고 있다. 각국 정부와 항공 당국은 인증 기준을 정비하고 있고, 항공사와 기체 제조사들은 실제 노선을 구상하며 새로운 하늘길을 열 준비를 하고 있다.

미국은 이러한 변화의 흐름 속에서 가장 적극적으로 움직이고 있는 국가 중 하나다. 유나이티드 항공United Airlines은 아처 에비에이션Archer Aviation의 eVTOL 기체를 활용해 뉴욕 맨해튼과 뉴어크 리버티 국제공항 간 에어택시 서비스를 도입할 계획이라고 밝힌 바 있다. 아처 에비에이션은 2026년 상용 서비스 개시를 목표로 이 프로젝트의 인허가 절차를 진행하고 있으며, 최근에는 대한항공과 파트너십을 체결해 한국 시장으로 진출하려는 의지도 드러냈다.

중국은 이미 eVTOL 상용화 단계에 진입하고 있다. 항공기술 기업인 이항EHang은 중국 민용항공국으로부터 세계 최초의 무인 eVTOL 상업 운항 승인을 받으면서 이 시장을 선점했다. 이항은 현재 광저우와 허페이 등지에서 단거리 시범 운항을 정규 서비스로 운영하고 있고, 향후에는 공항–도심 노선을 연결하는 등 보다 실용적인 도시 모빌리티 서비스로 확장할 계획을 제시하고 있다.

그러나 이 새로운 하늘길이 열리기 위해서는 지상에서의 전기의 길 또한 함께 열려야 한다. eVTOL은 하늘을 나는 기계이기 이전에, 지상에서 반복적으로 대용량 충전이 필요한 장치이기 때문이다. 결국 eVTOL의 확산은 도시와 공항의 전력 인프라를 다시 설계하도록 요구하고 있다.

[그림15] 하늘도 전기로 누비는 시대가 온다 (출처: Joby aviation)

eVTOL은 공중을 나는 거대한 배터리 덩어리이자 움직이는 전력 소비 장치다. eVTOL 1대가 도심에서 1시간 동안 운항하는 데는 약 125kWh의 전력이 필요하다. 하루에 8시간 동안 사용한다면 약 1,000kWh의 전력이 필요하며, 이는 약 80가구에서 하루 동안 사용하는 전력량과 맞먹는다.

eVTOL을 기반으로 하는 도심형 항공 교통UAM, Urban Air Mobility이 본격화되면, 이제 공항 대신 빌딩 옥상과 아파트 단지, 환승센터 등에 수많은 이착륙장, 즉 버티포트Vertiport가 세워지게 된다. 이 지점들이 전부 새로운 전기 소비 거점이 되는 셈이다.

그러나 하나의 버티포트에서 하루 수십 대의 eVTOL이 이착륙한다면, 하루 동안의 전력 수요만 수천 kWh, 많게는 수십 MWh에 이른다. 한 도시 안에 10개의 버티포트와 200대의 eVTOL이 기능하려면 총 400,000kWh(400MWh)의 전력이 필요하며 이는 3,200가구의 하루 전력 사용량에 달한다.

즉 하늘길의 핵심은 기술보다 전기 인프라에 있다. 공항의 활주로처럼 도심 곳곳의 버티포트에는 초고속 직류 충전기와 대용량 에너지 저장 장치ESS, 그리고 안정적인 배전망이 필수적이다. 하늘에서 멈춘다는 것은 곧 추락을 의미하므로, 하늘에서의 이동이 늘어날수록 도심의 전력망은 더 두터워져야 한다.

따라서 하늘을 나는 교통 또한 비행 기술이 아니라 전력 기술의 문제라고 할 수 있다. 버티포트마다 변전소가 필요하고, 여러 대의 기체가 동시에 충전하려고 몰리는 충전 피크를 완화하기 위해서는 야간 충전-주간 비행의 에너지 루틴이 설계되어야 한다. 전력망은 이제 수평이 아니라 수직으로

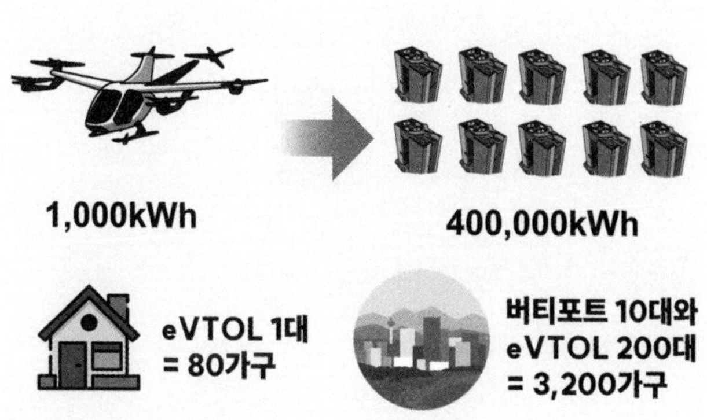

[그림16] eVTOL과 버티포트는 3,200가구의 전력량을 요구한다

까지 확장되는 시대를 맞고 있다. 그리고 하늘을 나는 전기 항공기는 그 자체로 하나의 하늘 위 전력망이 된다. 기체가 이륙하는 순간 하늘과 땅은 전기로 이어지고, 도시는 하늘을 통해 숨쉬기 시작한다. 이제 하늘길의 열쇠는 무엇보다 전기를 얼마나 안정적으로 연결할 수 있느냐에 달려 있다.

| 전기는 굴삭기를 타고 땅으로 흘러든다 |

도시의 공사장은 늘 소음으로 시작된다. 굴착기의 금속 팔이 땅을 때리고, 디젤 엔진이 짙은 매연을 토해 내는 공사장의 모습은 우리에게 익숙하다. 그러나 요즘 몇몇 공사 현장은 다른 방식으로 굴러간다. 엔진 소리가 사라지고 그 자리를 낮은 모터의 윙윙거림이 채우는 현장을 종종 발견할 수 있다. 공기 중엔 매연 대신 희미한 전류의 냄새가 흐른다. 이제 굴삭기마저 전기로 움직이는 시대가 열린 것이다.

탄소중립, 소음 저감, 도심 친화형 공사 수요 등이 맞물리며 전동 굴삭기는 빠르게 확산되고 있다. 이 새로운 기계들은 배터리와 전기 모터를 동력으로 사용한다. 디젤 탱크는 현재 60~300kWh급 배터리로 바뀌었고, 그 배터리를 사용해 굴삭기의 팔, 회전부, 바퀴의 전기 모터가 구동된다. 1대의 중형 전동 굴삭기는 하루 동안 약 1,300kWh의 전기를 쓰며, 이는

[그림17] **굴삭기마저 전기로 움직이는 시대다** (출처: Komatsu)

아파트 110가구가 하루에 쓰는 전력과 맞먹는다. 게다가 굴삭기의 충전을 위해선 100kW급 이상의 고속 충전기가 필요하다. 따라서 현장에 이런 장비가 여러 대 모인다면, 그 공사장은 사실상 하나의 소형 변전소와 다름없다.

지금까지 건설 현장의 공사장은 전력망과 무관한 공간이었다. 그러나 점차 전동화가 확산되면서부터 이야기가 달라졌다. 글로벌 전동 건설 장비 시장은 이제 막 본격적인 성장 궤도에 오른 초기 단계이다. 글로벌 마켓 인사이트Global Market Insights에 따르면 2024년 전동 건설 장비 분야의 시장 규모는 약 136억 달러, 2025년에는 163억 달러 수준으로 추정되며, 2034년에는 1,000억 달러를 넘어설 것으로 전망된다. 이는 연평균 20%를 훌쩍 넘는 성장률이다.

전동 건설 장비 시장의 70% 이상은 배터리 전기식 장비가 차지하고 있으며, 특히 도심 공사에 많이 쓰이는 소형 굴삭기와 휠로더를 중심으로 빠르게 보급이 진행되고 있다. 유럽은 강한 환경 규제를 바탕으로 전동 건설 장비의 도입률에서 가장 앞서 있다. 그리고 아시아·태평양은 전체 시장 규모에서, 북미는 성장 속도에서 두각을 나타내고 있다. 아직 전 세계 전체 건설 장비 가운데 전동 장비의 비중은 한 자릿수대에 머물지만, 향후 10년 동안 디젤 장비보다 더 빠른 속도로 높아질 것으로 전망된다.

이제 공사장은 전기를 요구하는 또 하나의 산업 지대가 되었다. 만약 소형 아파트 단지 터파기 공사에서 전동 굴삭기 8대가 동시에 움직인다고 가정한다면, 이를 위해 880가구짜

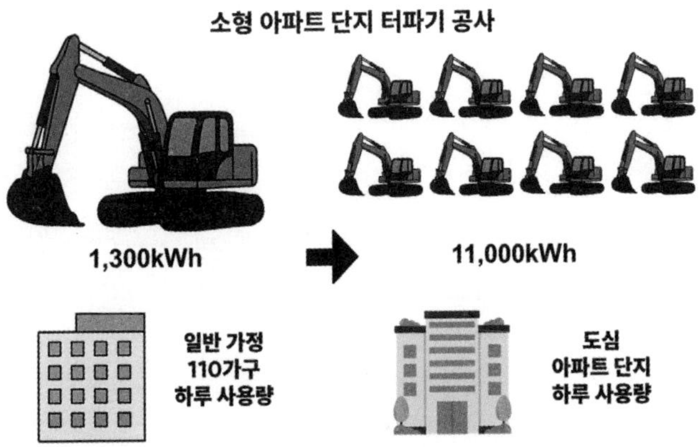

[그림18] 전동굴삭기는 약 110가구의 전력을 소비한다

리 아파트 단지가 하루 동안 사용하는 전력량인 11,000kWh의 전기가 필요하다.

이러한 변화는 단지 굴삭기만의 일이 아니다. 지게차, 크레인, 레미콘 트럭 등 건설 현장을 지탱하던 여러 중장비가 차례로 전기화되고 있다. 이 흐름은 건설 산업의 근본 구조를 바꾸고 있으며, 따라서 도시 개발 지구와 산업 단지는 더 이상 기름이 아닌 전기가 흐르는 공장이 되었다. 전동 굴삭기는 탄소중립을 실현할 수 있는 수단일 뿐만 아니라 전기의 새로운 무대를 여는 존재다. 도로 위 자동차의 동력이 전기로 바뀌었듯, 땅을 파며 일하는 기계들도 이제는 전기가 있어야 한다. 전기는 도시의 하늘에서부터 그 땅 아래까지도 흘러 들어가고 있다.

| 전기가 흐르지 않으면 미래도 멈춘다 |

AI 데이터센터, 휴머노이드, 전기비행기, 전동 굴삭기 등 현재 새롭게 나타나고 있는 산업들은 모두 전기를 요구한다. 그리고 그 수요는 전기를 생산해 내는 바다나 들판이 아니라, 이미 전력으로 가득 찬 도심과 산업 단지 한가운데로 몰려들고 있다. 그러므로 이들은 곧이어 그 길이 이미 포화 상태에 이르렀다는 문제에 직면하게 될 수밖에 없다.

도심 주변의 송전선은 수십 년 전 설계된 노선을 그대로 쓰고 있으며, 변전소는 새로운 부지를 확보하는 데 어려움을 겪고 있다. 그뿐만 아니라 수도권의 데이터센터 중 일부는 전력망 접속 허가를 받지 못해 착공이 수년씩 늦어지는 경우를 겪기도 한다. 기술이 1년 만에 바뀌더라도, 전력망은 바뀌는 데 10년이 걸린다. 이러한 속도 차이가 현재 전력 산업의 목을 죄고 있다.

전기화된 산업은 즉각적으로 움직인다. AI 모델은 밤을 새워 학습할 수 있는 능력이 있고, 로봇은 단 한 번의 업데이트만으로 효율을 배가할 수 있다. 하지만 전력망은 여전히 느리다. 좁은 길과 오래된 회선으로 인해 새로운 전력 소비를 감당할 여유 또한 없다. 새로운 기술의 시대를 맞았음에도 그 전기를 실어 나를 길은 아직 과거에 머물러 있는 탓이다. 결국 전력망의 병목이 산업 혁신의 속도를 막는 역설이 생겨나게 된다.

전력망은 원래 중앙의 발전소에서 수요지까지 전기를 흘려보내는 단방향 구조였다. 그러나 이제는 예전과 상황이 다르다. 도심과 산업 현장, 그리고 사용자 바로 옆에서 전기가 필요하다. 수요는 예측 불가능하게 오르내리고, 때에 따라 순간적인 부하가 폭발하기도 한다. 이런 변화에 대응하기 위해 우리에겐 유연한 전력망 설계, 그리고 무엇보다 '새로운 길'이 필요하다.

이제 질문은 바뀌어야 한다. 전기를 얼마나 만들 수 있는지가 아니라 그 전기를 얼마나 멀리, 얼마나 안정적으로 보낼 수 있는지가 중요해졌다. 전기는 흐를 때 비로소 존재하는 것이며, 흐르지 않는다면 그저 멈춘 빛에 불과하다. 전기고속도로는 바로 그 막힘을 풀기 위한 시도다. 우리가 지금 전력망을 다시 설계하지 않는다면, 기술과 산업, 그리고 전기의 미래도 제자리에 멈출 것이다.

전기의 시대 리더 기업

에퀴닉스
Equinix

AI와 데이터센터는 새로운 전기 제국의 핵심이다. 그리고 그 중심에 서 있는 기업이 바로 에퀴닉스Equinix다. 마이크로소프트와 구글이 데이터를 에너지로 삼는다면, 에퀴닉스는 그 데이터가 오가는 길목인 데이터센터를 구축하는 기업이다.

1998년 실리콘밸리에서 설립된 에퀴닉스는 현재 나스닥NASDAQ에 상장된 글로벌 리츠REITs(부동산투자신탁) 기업으로 성장했다. 본사는 미국 캘리포니아주 레드우드시티에 있으며, 2024년 기준으로 약 13,000명의 임직원이 전 세계에서 근무하고 있다. 2024년 매출은 약 88억 달러에 달하며, 시가총액은 약 830억 달러 규모다.

에퀴닉스는 북미, 유럽, 아시아·태평양 등 36개국, 76개 도시에 270개 이상의 데이터센터를 운영하고 있다. 매초 수조 건의 데이터가 오가는 에퀴닉스의 데이터센터는 전 세계 디지털

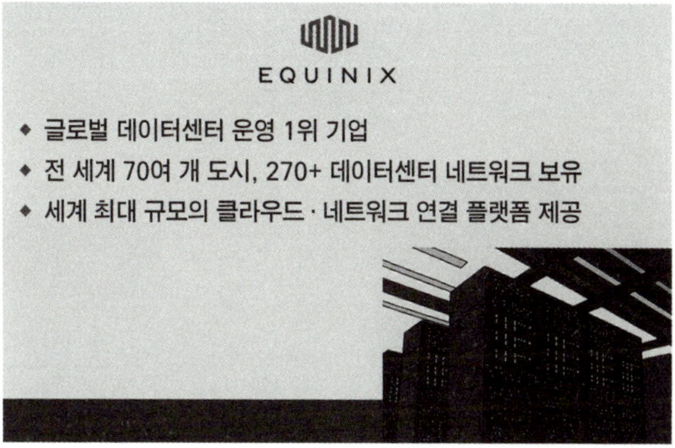

[그림19] 에퀴닉스

경제를 실시간으로 지탱하는 전력 집약형 인프라라고 할 수 있다. 에퀴닉스의 강점은 세계 각국의 통신사, 클라우드 사업자, 금융기관 등을 한곳에서 직접 연결하는 인터커넥션Interconnection 플랫폼을 구축했다는 것이다. 이를 통해 데이터 전송의 지연 시간을 최소화하고 보안을 강화하여, 초저지연과 고안정성이 필요한 서비스들은 에퀴닉스의 데이터센터를 거쳐 움직이곤 한다.

오늘날 100MW급 하이퍼스케일 데이터센터[3] 하나가 쓰는 전력은 10만 가구 이상이 사는 중형 도시가 하루 종일 사용하는 전력과 비슷한 수준이다. 그만큼 에퀴닉스의 사업은 전력망의 안정성과 이를 통한 효과적인 전력 공급, 그리고 냉각 효율에 절

3 일반적인 대형 데이터센터는 보통 5~10MW 수준의 전력 설비를 필요로 하고, 하이퍼스케일 데이터센터는 최소 20MW에서 많게는 100MW 정도의 전력 설비를 요구한다.

[그림20] 에퀴닉스 고양 데이터센터 전경

대적으로 의존하고 있다.

이 때문에 에퀴닉스는 '100% 재생에너지 데이터센터'를 목표로 하여 적극적인 전력 전환 정책을 시행하고 있다. 2023년을 기준으로 에퀴닉스의 글로벌 데이터센터 전력의 96% 이상이 재생에너지로 공급되고 있으며, 이를 위해 태양광·풍력 전력구매계약PPA[4]과 자체 에너지 저장 장치 도입을 확대하고 있다. 특히 그린 데이터센터Green Data Center 전략을 통해 냉각 효율을 극대화하고, 서버랙 간 온도 차를 제어하는 AI 기반 열관리 시스템을 상용화했다.

---

4 전력구매계약PPA은 전력을 생산하는 발전사업자와 전력을 소비하는 기업 또는 기관이 장기적으로 전력 공급에 대해 직접 맺는 계약이다. 이는 전력 시장을 거치지 않고 일정 기간 동안 정해진 가격으로 전력을 사고파는 구조이며, 주로 재생에너지로 생산된 전기를 구매하는 방식에 사용된다. PPA는 기업이 안정적인 에너지 비용을 예측하고, RE100Renewable Energy 100 및 ESG 경영 목표를 달성하는 데 중요한 수단이 된다.

에퀴닉스는 물론 한국에도 진출한 상태로, 서울과 인천, 부산 등지에서 데이터센터를 운영하며 동북아 클라우드 허브의 중요한 거점으로 기능하고 있다. 또한 한국전력, 주요 통신사, 클라우드 사업자와의 협력을 통해 고밀도 전력 공급, 실시간 백업, 초저지연 네트워크를 통합하는 스마트 인프라를 구축하고 있다. 에퀴닉스는 국가 경쟁력과 디지털 주권을 지탱하는 기반 시설로서, 세상의 흐름을 하나로 묶는 21세기형 인프라 기업으로 자리 잡았다.

3

강자들은 어디에나 있다

인생도처유상수 人生到處有上手
(유홍준, 국립중앙박물관장)

ㅇ

우리가 매일 누리는 전기는 눈에 보이지 않는 길 위를 달린다. 그 길이 막히면 당연하게도 도시와 산업은 멈춰 서게 되어 있다. 앞서 살펴본 것처럼, 데이터센터나 휴머노이드 같은 새로운 산업들은 엄청난 속도로 엄청난 양의 전기를 요구하고 있다. 이제 문제는 전기를 얼마나 생산하는지가 아니라, 그 전기를 어디까지 얼마나 안정적으로 보낼 수 있는지다.

이번 장에서는 그 해답의 기술적 토대를 살펴보려고 한다. 바다를 건너고 산을 뚫고 국경을 넘는 전기 고속도로, 초고압 직류 송전HVDC이라는 거대한 전력망의 기술과 그 길을 여는 산업 생태계를 조명할 예정이다. HVDC 시스템은 바다 밑 수백 km를 지나며 재생에너지를 실어 나를 수 있는 거의 유일한 수단이다. 이 기술 없이는 서해의 바람과 남해의 햇살이 수도권까지 닿지 못한다. 따라서 HVDC 케이블의 핵심 구성 요소와 이를 구현하는 기업, 그리고 시공과 제어 기술의 수준을 이해하는 것은 전기 고속도로를 설계하는 일의 출발점이 된다고 할 수 있다.

여기에 더해서 현재 세계의 선도 기업들이 이 기술을 어떻게 구현하고 있으며 우리나라의 기술 수준은 어디까지 와 있는지를 들여다보려 한다. 보이지 않는 전기의 길 위에는 세상을 연결하는 수많은 기술과 기업의 이야기가 숨어 있기 때문이다.

HVDC 기술의 세계에서 유럽과 미국, 일본, 중국의 전력기기 기업들은 새로운 세대의 변환 기술과 케이블 소재, 제어 알고리즘을 두고 치열하게 경쟁하고 있다. 이 분야에서는 한 발만 뒤처져도 순식간에 시장이 사라진다. 결국 이 싸움은 누가 먼저 시작했는지보다 누가 끝까지 버티며 혁신하는지에 따라 승패가 갈린다.

ǀ 전기를 잇는 기술과 제품 ǀ

도로에는 아스팔트가 있고, 철도에는 레일이 있다. 전력망에도 마찬가지로 그 흐름을 지탱하는 보이지 않는 기반이 있어야 한다. 그것이 바로 교류AC와 직류DC 간 변환기Converter, 초고압 케이블, 그리고 제어·보호 시스템이다. 이들은

HVDC 시스템을 사용하기 위해 교류 전기를 직류로 바꾸고 다시 그것을 교류로 돌리는 복잡한 과정을 가능하게 한다. 따라서 이 세 가지는 전기 고속도로의 뼈대이자 전기의 흐름을 살아 있게 만드는 기술의 삼총사다.

변환기, 전기를 다시 태어나게 하는 장치

HVDC 시스템의 핵심은 변환기Converter다. 발전소에서 만들어진 교류 전기는 여기에서 직류로 바뀌어 수백, 수천 km의 거리를 달리기 시작한다. 그리고 목적지에 도착하면 다시 변환기를 거쳐 교류 전기로 되돌아간다. 말하자면 변환기는 전력의 언어를 통역하는 전기의 번역기와도 같다.

이 장치 안에서는 수십만 V(볼트)의 전압과 수천 A의 전류가 실시간으로 오케스트라처럼 조율된다. 변환기는 초고압의 에너지를 다루면서도 미세한 전류의 흐름까지 정밀하게 제어할 수 있으며, 그 섬세함은 단순한 기계라기보다는 살아 움직이는 하나의 전기적 생명체에 가까운 수준이다. 이 변환기에는 두 가지 기술 계열이 있다. 하나는 전류형 변환기Current Source Converter, CSC이고, 다른 하나는 전압형 변환기Voltage Source Converter, VSC다.

전류형은 말 그대로 전류의 흐름을 중심으로 제어하는 방식이다. 이는 1970~1990년대에 확립된 전통적인 기술로, ±500~800kV급 초장거리 송전에 탁월하며 대용량 전력을 멀리 보낼 수 있고 효율도 높다. 다만, 이 방식은 반드시 강한 계통, 즉 안정적인 교류 전력망에 연결되어야 한다. 그래서 중국의 내륙과 동부 해안을 잇는 UHVDC 송전망, 영국과 프랑스 간의 연계망, 독일과 스웨덴을 연결하는 발트해 케이블Baltic Cable이 전류형 기술을 사용한다.

반면 전압형은 전압을 정밀하게 제어하기 위한 최신 기술이다. 2000년대 이후 급성장한 이 기술은 약한 계통에서도 안정적으로 작동하며, 송전 방향을 자유롭게 바꿀 수 있다. 풍력이나 태양광처럼 전력 생산량이 시시각각 변하는 재생에너지원을 다루기 위해서는 이처럼 유연성을 지닌 전압형 변환기가 필수적이다.

전압형 변환기는 이미 실제 프로젝트 속에서 핵심 역할을 하고 있다. 독일 북해의 보윈BorWin, 돌윈DolWin, 헬윈HelWin 해상풍력 단지 연결 사업들은 모두 전압형 HVDC를 기반으로 설계되었으며, 700MW~900MW급 해상풍력 단지를 육지의 전력 계통과 안정적으로 연결하려는 목적을 가지고 있다. 또한 덴마크와 네덜란드를 잇는 700MW급 코브라 케이블 역시 전압형 HVDC를 채택한 대표 사례다.

이 기술은 해상풍력 단지와 같이 전력소비지역 부근의 소규모 분산형 전원의 허브를 형성할 수 있으며, 다중 터미널Multi-terminal HVDC 망[1]을 구현하는 데도 적합하다. 인체에 비유하자면 전류형은 강력하나 경직된 근육형 시스템, 전압

[그림21] **전압형 변환기** (출처: GE 버노바)

형은 유연하고 지능적인 신경형 시스템인 셈이다.

초고압 해저 케이블, 전기를 실어 나르는 길

변환기에서 직류로 바뀐 전기는 이제 새로운 길을 따라 이동한다. 그 길은 다름 아닌 초고압 해저 케이블이다. 수백 km에 이르는 이 길은 육지의 송전탑 대신 바다 밑을 가로지르며 전기를 나른다.

525kV급 HVDC 케이블 한 가닥은 최대 2GW, 즉 원전 2기

1 다중 터미널 HVDC는 하나의 직류 전력망에 3개 이상의 송전 지점을 연결하여 전력을 효율적으로 분배하고 제어하는 차세대 초고압 직류 송전 시스템이다. 기존의 2개의 터미널만 연결하는 방식(양극 또는 단극 HVDC)보다 확장성과 유연성이 뛰어나 여러 지역의 신재생에너지원과 연계하거나, 국가 간 전력망을 연결하는 데 유리하다.

에서 생산되는 전기를 실어 나를 수 있다. 말하자면 국가의 에너지 흐름을 바꾸고 한 대륙의 전력 지도를 다시 그릴 수 있는 힘이 고작 바다 밑의 전선 한 가닥에 담겨 있는 셈이다.

이 케이블은 바다의 압력과 염분, 조류 속에서도 수십 년 동안 버텨야 하기 때문에, 그 구조는 정교한 예술품에 가깝다. 케이블의 가장 안쪽에 있는 도체core는 높은 순도를 가진 구리나 알루미늄으로 만들어져 전류를 통과시키며, 그 위를 여러 겹의 절연체가 감싸 전압 손실을 막는다. 그리고 거기에 다시 내열 차폐층과 방수 보호층이 덧씌워지고, 가장 바깥에는 강철 와이어가 케이블을 감싸며 외부 충격으로부터 보호한다. 하나의 케이블을 이루는 이 모든 층들은 정밀한 균형을 이루며 바다 밑 수백 m에서 수십만 V의 전류를 안정적으로 흐르게 하는 역할을 한다.

이런 점에서 이 복합 구조물은 '바다 밑의' 전기 고속도로

[그림22] HVDC 케이블(좌)과 선적 현장(우) (출처: LS전선)

다. 이 길은 도로 위를 달리는 자동차를 대신하여 바람과 햇빛이 만든 에너지를 먼 도시까지 조용히 이어 준다. 전기 고속도로가 있기에 서해의 바람과 제주의 햇살이 수도권의 공장과 데이터센터로 닿을 수 있게 된다.

제어·보호 시스템, 전기를 지휘하는 두뇌

변환기와 케이블이 HVDC의 몸이라면, 제어·보호 시스템은 그 두뇌와 비슷한 역할을 한다. 이 두뇌는 전력의 흐름을 실시간으로 감시하고 변화와 위험을 예측하며, 수천 km 떨어진 지점까지 에너지가 흔들림 없이 도달하도록 모든 흐름을 지휘한다.

HVDC는 1,000분의 1초 단위로 전압과 전류를 측정하고, 부하의 변화나 미세한 진동까지 감지해 이에 즉각 대응해야 하는 살아 있는 전력망이다. 예를 들어 갑자기 바람이 거세져 해상풍력 단지의 출력이 흔들리더라도, 변환기는 실시간으로 전압과 전력을 조정해 계통의 균형을 잡아야 한다. 한 지점의 출력이 떨어지면 다른 변환기가 즉시 보완하고, 남는 전력은 다시 다른 지역으로 흐르도록 조절해야 한다. 이러한 모든 변화에 대처할 수 있도록 변환기를 조정하는 것이 바로 제어·보호 시스템이며, 그 덕분에 해상에서는 바람이 요동쳐도 육지의 전력 계통은 안정성을 유지할 수 있게 된다.

이 시스템은 발전소, 변환소, 송전선로의 상태를 끊임없이 지켜보며 어디로 얼마만큼의 전기를 보낼 것인지를 실시간으로 결정한다. 그 모습은 마치 수십 대의 항공기를 동시에 관리하는 항공관제탑과도 같다. 한쪽에서 폭풍이 몰아쳐도 전력의 비행경로를 신속히 재설정하고 안전하게 목적지에 도착시키는 역할을 이 시스템이 맡는다.

최근에는 이 제어 기능을 갖춘 두뇌에 인공지능과 머신러닝ML이 결합되고 있다. 단순히 계통을 감시하는 수준을 넘어, 날씨 데이터와 전력 시장의 수요 변화를 학습하고 몇 시간 후의 상황을 예측해 미리 대응하는 '예지형 지능predictive intelligence'으로 진화한 것이다.

예를 들어 태풍이 접근하게 되면, 풍속이 급변하고 난류가 심해지면서 해상풍력 발전기의 출력이 갑자기 떨어지거나 과도하게 치솟을 가능성이 있다. 이때 AI는 풍속, 기압, 습도, 파고 같은 기상 데이터를 실시간으로 분석해 이러한 출력 변화를 미리 계산하고, 그 결과에 맞춰 변환기의 전압과 무효전력[2] 공급 모드를 조정한다. 출력이 출렁이는 순간 전력망의 주파수와 전압도 함께 흔들리는데, 이 변동을 변환기가 즉시 보상해 계통 전체의 안정성을 유지하는 것이다. 이제 제어·

---

2 무효전력은 전기기기가 실제로 일을 하는 데 쓰이는 전력은 아니지만, 전압을 일정하게 유지하고 전력이 흐를 수 있는 통로를 잡아 주는 역할을 한다. 쉽게 말해, 유효전력이 일을 하는 힘이라면 무효전력은 그 힘이 제대로 작동하도록 전력망의 형태와 압력을 유지해 주는 보조 에너지다. 이 무효전력이 부족해지면 전압이 흔들리고, 전력망 전체가 불안정해질 수 있다.

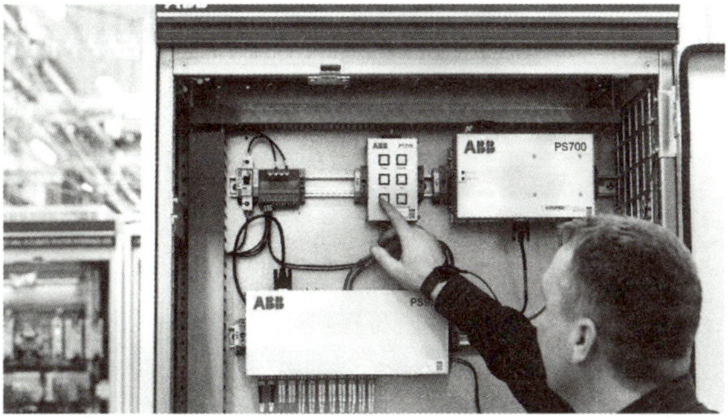

[그림23] **HVDC 컨트롤러** (출처: ABB)

보호 시스템은 모니터링 도구에서 더 나아가 스스로 판단하고 조율하는 디지털 두뇌, 혹은 전력망의 지휘자로 자리 잡았다.

지금까지 살펴본 세 가지 요소(변환기, 케이블, 제어·보호 시스템)는 그 무엇보다 중요한 전기 고속도로를 구성하는 3대 축이다. 변환기가 전기를 다시 태어나게 하고, 케이블이 그 전기를 멀리 보낼 길을 열며, 제어시스템이 그 흐름을 조율한다. 이 세 가지가 정교하게 맞물릴 때 비로소 전기 고속도로는 움직이기 시작한다.

| 전기의 길을 여는 글로벌 선도 기업 |

HVDC 산업은 화려하게 보이지는 않지만, 그 안에는 극도의 정밀함과 치열한 경쟁이 숨어 있다. 단 한 번의 오류도 국가 전력망을 흔들 수 있기 때문에 변환기 한 대, 케이블 한 가닥, 제어 알고리즘 한 줄까지 모두 검증과 신뢰의 영역이 된다. 따라서 축적된 전문 기술이 가장 높은 진입 장벽으로 작용하는 이 시장에서 신뢰란 곧 기술을 가리킨다. 한 번 쌓인 실적이 곧이어 다시 새로운 사업으로 이어지며 실적이 실적을 낳는 구조이기도 하다. 이 세계는 그 무엇보다 신뢰가 돈이 되는 곳이다. 이러한 이유로 오늘날 HVDC 시장은 소수의 기업이 장기 레퍼런스와 함께 이끌고 있다.

히타치 에너지: 세계 전력망의 보이지 않는 설계자

이 세계를 대표하는 이름 중 하나가 히타치 에너지Hitachi Energy다. 전력 분야의 절대 강자로 평가되는 이 기업은 원래 스위스 ABB의 파워그리드 부문에서 출발한 사업을 2020년 일본의 히타치가 인수하며 새롭게 태어났다. 해양 국가도 아니고 풍력 대국도 아닌 스위스가 이 분야의 선도 기업이 된 이유는 바로 스위스가 오래전부터 알프스 수력 발전을 중심으로 유럽 각국과 전력을 주고받는 '전력 허브'의 역할을 해왔기 때문이다. 그 과정에서 스위스는 HVDC와 전력 변환 기술을 세계 최고 수준으로 발전시킬 수 있었고, 여기에 복잡한 지형적 요건, 국경을 넘나드는 계통 연계, 이로 인한 안정성 요구가 맞물리면서 스위스의 전력 산업은 자연스럽게 고도의 기술과 전문성을 축적할 수 있었다.

일본의 히타치가 ABB에서 전력 사업을 인수한 이유도 여기에 있다. 일본은 대규모 재생에너지의 송전과 지역 간 전력 불균형 문제를 해결해야 했는데, ABB가 가진 HVDC, 전력전자, 계통 안정화 기술이야말로 그 해법이 될 수 있었기 때문이다. 현재 일본의 전력 업계에서는 히타치가 전력 구조를 다시 설계했다는 말까지 나온다. 이는 히타치 에너지가 단순히 송전 장비를 만드는 기업이 아니라, 재생에너지 시대에 맞는 새로운 전력망 구조(장거리 직류 송전, 해상풍력 연계 등)를 통합적으로 설계하고 구현해 낸 기업이라는 뜻이다.

이 회사는 북해의 해상풍력을 잉글랜드로 보내는 프로젝트, 중국 내륙의 초장거리 송전 프로젝트 등 세계 주요 HVDC 사업의 거의 모든 곳에 이름을 올리고 있다. 변환소 설계부터 제어 시스템 통합까지 전기 고속도로의 전 구간을 책임질 수 있는 기업 중 하나이다.

[그림24] 히타치 에너지 스웨덴 변압기 공장 (출처: 히타치 에너지)

지멘스 에너지: 재생에너지 시대의 전력 설계자

지멘스 에너지Siemens Energy는 유럽의 전력 인프라를 떠받치는 또 다른 거인이다. 이 기업은 유럽 북해와 발트해의 거대한 해상풍력 단지와 육지를 연결하는 HVDC 허브 프로젝트에서 핵심 장비를 공급하며, 교류와 직류가 혼합된 복잡한 계통을 실시간으로 제어하는 기술에서 세계를 선도하고 있다.

지멘스 에너지는 변환기, 차단기, 변압기 등 HVDC 시스템의 전 구간을 아우르는 종합 포트폴리오를 갖추고 있다. 그뿐만 아니라 자체 디지털 플랫폼으로 설비 상태를 실시간 진단하고 효율을 최적화하는 기술도 보유하고 있다. 현재는 유럽 각국의 송전 사업자와 협력해, 해상 그리드의 표준화와 다중 터미널 HVDC 기술 개발까지 주도하고 있다.

이 회사는 유럽 슈퍼그리드 구축에서도 중심적인 역할을

[그림25] 지멘스 에너지 노스캐롤라이나 공장 (출처: 지멘스 에너지)

맡고 있다. 노르웨이의 수력, 덴마크의 풍력, 독일과 네덜란드의 태양광, 풍력이 하나의 전력 흐름으로 통합된 모습이 바로 지멘스가 그리는 유럽의 전력망 지도다. 그래서 사람들은 이 회사를 재생에너지 시대의 전력망 설계자라 부른다.

GE 버노바: 130년의 유산을 잇는 새로운 거인

미국의 GE 버노바GE Vernova는 에너지 산업에서 가장 오래된 이름 중 하나다. 1890년대 에디슨이 만든 전력 시스템을 계승하며, 2024년 제너럴 일렉트릭General Electric, GE이 에너지 부문을 분사하면서 새롭게 출범한 기업이기 때문이다. GE 버노바는 가스 터빈, 수력, 원자력, 송배전 기기까지 아우르는 종합 에너지 인프라 기업이며, 현재 HVDC 분야에서도 빠르게 입지를 넓히고 있다. 영국 도거 뱅크Dogger Bank의 해상풍력 HVDC 연결 프로젝트, 미국-캐나다 간 CHPEChamplain Hudson Power Express 프로젝트에 모두 참여했다. 이 회사는 전기를 가장 멀리, 가장 안정적으로 보내겠다는 GE의 철학을 HVDC로 이어가고 있다.

프리스미안과 넥상스: 전기의 길을 만드는 장인들

아무리 뛰어난 변환 기술도 전기를 실어 나를 선이 없으면 무용지물이다. 그 선을 만드는 분야에서 한국의 LS전선과 경쟁하며 세계를 이끄는 기업은 바로 이탈리아의 프리스미안

Prysmian과 프랑스의 넥상스Nexans이다.

프리스미안은 노르웨이의 수력 전력을 독일로 보내는 노르드링크NordLink 프로젝트에서 해저 HVDC 케이블을 설계·제작·설치한 기업이다. 이 기업이 설치한 케이블은 길이만 623km로, 그야말로 바다 밑 전기의 고속도로라는 표현에 걸맞은 규모다.

넥상스는 스코틀랜드와 잉글랜드를 연결하는 영국 이스턴 그린 연결망Eastern Green Link 프로젝트를 비롯해, 해안선이 복잡하고 어업권이 얽힌 지역에서 뛰어난 시공 경험을 쌓아 올린 독특한 기업이다. 프리스미안과 넥상스, 두 회사 모두 해저 환경의 압력, 염도, 조류 등을 고려한 내구성과 절연성, 열전달 기술에서 40년 넘게 시장을 선도하고 있다.

그렇다면 바다 아래 HVDC 공사는 누가 하나?

HVDC 케이블 시공은 인류가 바다 밑에 세우는 가장 정교한 건축이다. 전력을 생산하는 발전기나 변환기를 가지고 실제로 전기가 흘러가는 길을 땅과 바다에 새기는 일을 현실에서 이루어 내는 프리스미안과 넥상스와 같은 시공사야말로 이 건축에서의 주인공이라고 할 수 있다.

해저에 전기 고속도로를 만드는 과정은 거대한 오케스트라를 지휘하는 것과 같다. 설계에서 완공까지 수개월에서 수년에 걸친 장기 프로젝트로 진행되는 이 시공 사업에는 세밀한 계획과 첨단 장비가 필요하다. 육지에 세워진 변환소에서 해안까지 지중 케이블을 설치하는 매설 단계에서는 토목과 전기 기술이 얽혀 있으며, 굴착 장비와 케이블 인입 장비 등이 동시에 사용된다. 이때 미세한 접속 오차는 전력 손실로 이어지고 작은 진동 하나도 민원을 부르곤 하므로, 이 공사는 마치 외과 수술처럼 정밀하게 이루어질 수밖에 없다.

그 길이 해저로 이어지는 포설 단계에서는 이전과 전혀 다른 이야기가 시작된다. 수백 t(톤)짜리 케이블이 거대한 턴테이블에 감겨 전용 포설선에 실리고, GPS와 음파탐지장비, 원격조종수중로봇 등이 공사에 동원된다. 얕은 해안에서는 워터젯이 모래를 분사하며 해저를 판 뒤, 그 속에 케이블을 묻는다. 그리고 바다의 압력, 어선의 닻, 태풍의 조류가 항상 케이블을 위협하고 있으므로 그 위에는 콘크리트 덮개가 놓이고 다시 모래가 덧씌워진다.

이 거대한 공정은 단 한 번의 시행착오도 허락하지 않는다. 바다 밑에서는 한 번의 손상도 복구하기가 어렵고, 그 비용은 눈덩이처럼 불어나기 때문이다. 그래서 발주처는 가격보다 신뢰를 구매하게 된다. 20년, 30년 후에도 멈추지 않을 전력망을 구축할 수 있다는 확신, 그것이 바로 HVDC 케이블 시공 시장의 진입 장벽이다.

이 세계를 주도하는 기업들은 오랜 경험과 방대한 장비를 자산으로 현재에 이르렀다. 앞서 소개한 프리스미안은 세계

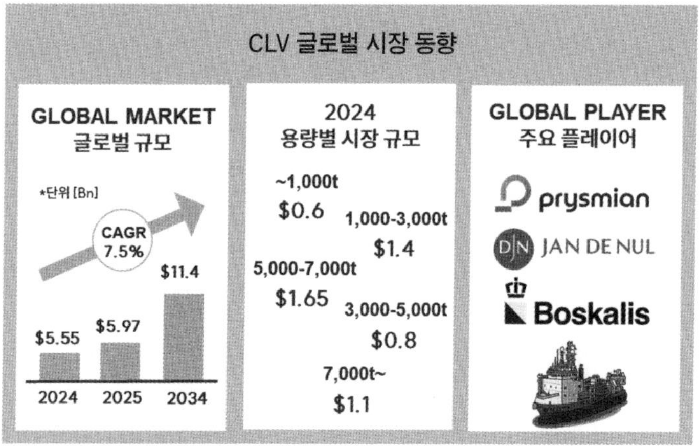

[그림26] **케이블 포설선의 글로벌 동향** (출처: Coherent Market Insight)

최대 케이블 제작사이자 해저 시공의 절대 강자로 꼽힌다. 그들의 전용 포설선CLV[3] '레오나르도 다 빈치Leonardo da Vinci'는 하루에 10km가 넘는 케이블을 바다 밑에 깔 수 있으며, 수심 2,000m가 넘는 해저에서도 정밀한 포설이 가능하다. 북해와 발트해, 지중해의 험한 바다를 수십 년간 누빈 그들의 경험이야말로 프리스미안의 가장 귀중한 자산이다.

넥상스도 그와 어깨를 나란히 하는 강자다. 이 회사는 '오로라Aurora'라는 최첨단 포설선을 앞세워 유럽의 해상풍력 단지와 육지 간 HVDC 송전망 연계 프로젝트를 수주하고 있다. 이를 위한 기업 간의 경쟁은 결국 어느 나라가 더 안정적

3 포설선Cable Laying Vessel, CLV은 해저 케이블을 싣고 운반하며, 케이블이 손상되지 않도록 안전하게 케이블을 운송하고 설치하는 역할을 한다.

인 전력 연결망을 먼저 완성하는지의 경쟁으로 이어진다.

HVDC 케이블 시공의 본질은 기술 위에 쌓아 올린 신뢰다. 바다 밑에서 수십 년을 버티는 기술은 하루아침에 만들어지지 않는다. 경험과 장비, 사람과 문화가 누적되어야 한다. 그 신뢰의 층이 두꺼운 기업일수록 더 멀고 더 깊은 바다로 나아갈 수 있다. 다시 말해, 점차 커지는 시장에서 승부를 보기 위해서는 한 순간의 가격이 아니라 전기를 얼마나 오래 안정적으로 흐르게 하는지에 집중해야 하는 것이다.

신뢰로 쌓은 시장, 기술로 이어지는 생태계

글로벌 HVDC 시장은 지금 빠르게 성장하고 있다. 2024년 약 1,094억 달러 규모였던 시장은 연평균 6.65%씩 성장해

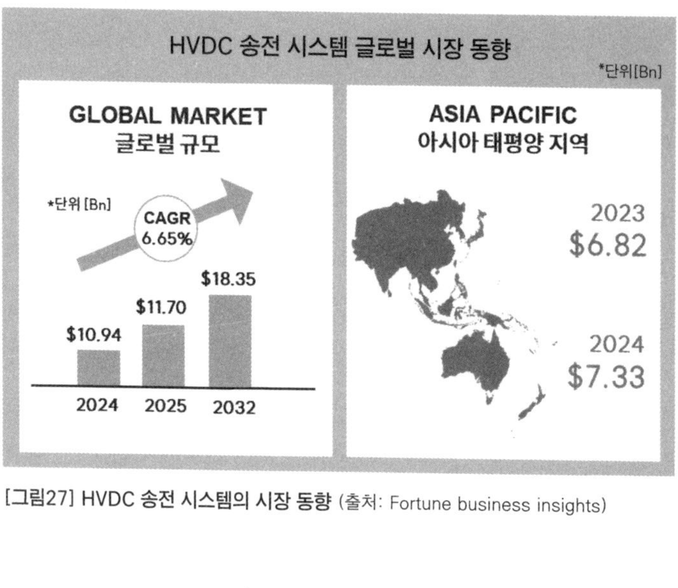

[그림27] HVDC 송전 시스템의 시장 동향 (출처: Fortune business insights)

2032년에는 1,835억 달러에 이를 것으로 예상된다. 아시아·태평양 지역의 시장 역시 2023년 68억 달러에서 2024년 73억 달러로 확대되는 추세다. 전 세계가 재생에너지와 초장거리 송전에 눈을 돌리면서 HVDC 송전망은 에너지 전환의 필수 인프라로 자리 잡았다.

하지만 이 산업은 단순한 성장 경쟁이 아니다. 거듭 강조하지만, HVDC 프로젝트의 핵심은 가격이 아니라 신뢰다. 발주처는 장비의 저렴함보다 수십 년이 지나도 멈추지 않을 안정성을 구매하려 하기 때문이다. 그래서 이 산업의 선도기업들은 변환기, 케이블, 제어 시스템을 하나의 패키지로 제안하고, 그에 대한 설계, 시공, 운영까지 함께 책임진다.

히타치, 지멘스, GE 버노바, 프리스미안, 넥상스 같은 이름들이 언제나 컨소시엄의 중심에 서는 이유가 여기에 있다. 각종 경험이 풍부한 이들의 실적을 보고 각국의 정부와 전력회사들이 이 기업들을 선택했기 때문이다. 결국 이들은 단순한 제조업체가 아니라, 국가와 국가를 전기로 잇는 신뢰의 네트워크를 구축하는 기업들이라고 할 수 있다.

| 우리의 기술 수준은 어디까지 와 있나? |

지금까지 우리는 세계의 전력망을 잇는 거대한 시장을 살펴보았다. 그 뒤에는 자연스레 이런 질문이 떠오르기 마련이다. 그렇다면 우리는 지금 어디쯤 와 있는 것일까?

한국의 전력 기술 수준은 아직 완전한 자립 단계에는 이르지 않았다. 하지만 변환소와 케이블, 제어 시스템이라는 HVDC의 세 축을 모두 국산화한 나라가 드물다는 점에서 우리는 분명히 세계 무대의 중심을 향해 나아가고 있다고 볼 수 있다. 과거에는 수입 부품으로 사용했던 장비들이 이제는 국내에서 만들어지고 있으며, 국제 프로젝트 내의 역할도 '하청'에서 '공동 주역'으로 바뀌고 있다. 세계 전력 산업의 사례들에서 나타나는 것처럼, 전기를 흘려보내는 기술은 축적의 과학이다. 한 번의 실험, 한 번의 시공, 한 번의 데이터

[그림28] 국내 기업들은 어디까지 와 있나?

가 쌓여야만 다음 단계가 열린다. 한국은 지금 바로 그 단계들을 차근차근 통과하고 있다.

변환 기술, 절반은 확보했고 절반은 도전 중

HVDC의 핵심은 전력을 직류로 바꾸고 다시 교류로 전환하는 변환기다. 한국 기업들은 이 변환기를 둘러싼 하드웨어 영역에서는 상당한 경쟁력을 확보하고 있다. 한국의 전력 산업에서 효성중공업과 LS일렉트릭은 변압기, 차단기, 가스절연개폐장치GIS 등 고전압 장비 분야에서 글로벌 5~10위권 생산 능력을 갖추고 있으며, 특히 대형 변압기 시장에서는 효성이 세계 3~5위권의 기업으로 평가된다. 이들은 중동, 동남아, 미국 등 다양한 지역의 변전소와 송전망 프로젝트에 실제 장비를 공급하며 꾸준히 시장 입지를 넓혀 왔다.

그러나 가장 핵심적인 기술력 측면에서는 상황이 다르다. HVDC 변환기와 전력전자 장치는 히타치 에너지, 지멘스 에너지, ABB, GE 버노바 등 소수의 글로벌 기업이 전체 시장의 90% 이상을 차지하고 있다. 이들은 전압형 HVDC나 복수 국가를 잇는 통합 계통 설계 등 고난도 분야에서도 기술 표준을 주도한다. 한국 기업들은 하드웨어 역량은 높지만, 변환기 설계, 전력전자, 제어 알고리즘, 시스템 통합SI 기술과 같은 '두뇌' 영역에서는 아직 글로벌 기업과의 격차가 남아 있다는 평가가 많다.

[그림29] 효성중공업 양주 변전소의 200MW HVDC 변환 설비 (출처: 효성중공업)

HVDC 시스템에서는 보이지 않는 제어 알고리즘, 전압과 전류를 실시간으로 조정하는 전력전자 기술, 여러 연계망을 하나의 계통으로 묶는 시스템 통합 능력이 핵심이다. 변압기와 차단기가 아무리 뛰어나도 이를 제어하는 소프트웨어나 펌웨어가 완성되지 않으면 HVDC 시스템은 안정적으로 작

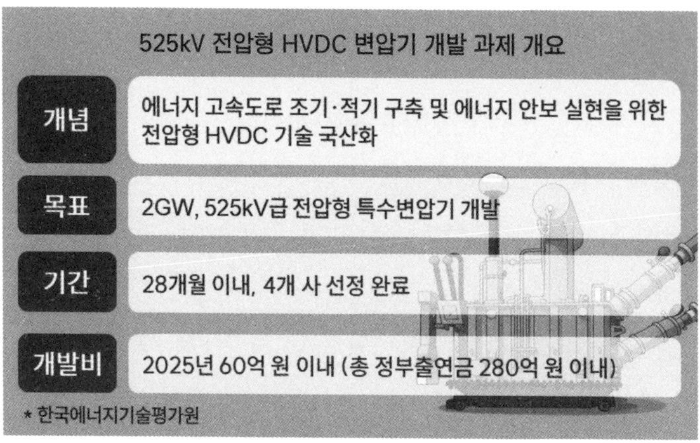

[그림30] 정부에서 추진 중인 HVDC 개발 과제

동할 수 없다.

한국은 독자적인 HVDC 플랫폼을 개발 중이지만, 아직 실증 경험과 대형 프로젝트 수행 기회가 더 필요한 단계이다. 기술은 실험실에서 완성되지 않는다. 진정한 기술 발전을 위해서는 현장에서 실제 계통에 연결해 반복적으로 데이터를 축적하고, 다양한 고장 상황을 경험하며 발전해야 한다.

이 과정에는 물론 정부의 역할도 중요하다. R&D 투자를 넘어 HVDC 전문 인력 양성, 중소 협력사 생태계 구축, 국내 실증단지 조성, 국제 인증 체계 확보 등이 필요하다. 이 기반이 갖춰진 뒤에야 'Made in Korea' HVDC 기술이 세계 시장에서 신뢰할 수 있는 기술 브랜드가 될 수 있다.

케이블 기술, 세계가 주목하는 수준

전기의 길이라고 할 수 있는 케이블이 없으면 아무리 좋은 엔진이 있어도 전기는 출발하지 못한다. 이 분야에서 한국은 이미 세계의 기술 무대에 올라섰다.

LS전선은 제주와 육지를 잇는 세 번의 HVDC 해저 케이블 사업을 성공적으로 완수하며, 525kV급 이상 직류 해저 케이블을 자체 생산할 수 있는 세계적 선도 기업으로 평가받고 있다. 예컨대 LS전선은 북미와 유럽 시장에서 해저 HV 케이블 공급 실적이 풍부한 이탈리아의 프리스미안, 프랑스의 넥상스, 일본의 스미토모 전기 등과 어깨를 나란히 하고 있다.

이 회사는 단순히 케이블을 만드는 데 그치지 않고, 설계, 제작, 운송, 포설을 한 번에 수행하는 수직 통합 모델을 완성하기도 했다. LS전선 동해 공장의 대형 턴테이블은 수천 t규모의 초고압 해저 케이블을 일정한 장력을 유지한 채 감아올릴 수 있는 설비로, 장거리 해저 케이블 생산에 필수적인 핵심 장비다. 직경 수십 m에 이르는 이 턴테이블은 케이블의 비틀림과 손상을 방지하고, 동일한 품질로 케이블을 대량 생산할 수 있게 해주며, 국내 제조 역량의 중요한 지표가 된다.

대한전선 역시 오랜 교류 케이블 제조 경험을 바탕으로 충남 당진에 HVDC 전용 생산 라인을 구축하고 글로벌 시장에 도전장을 내밀려 하고 있다. 이 두 기업에서 볼 수 있듯이 이제 한국의 해저 케이블 시공 기술도 새로운 단계로 진입하고 있다. 유럽의 해저 시공이 이미 성숙기에 접어들었다면, 아시아에서는 한국이 그 뒤를 잇는 주자로 평가된다.

물론 중국에서도 역시 여러 기업들이 해저 케이블과 시공 역량을 빠르게 확대하고 있다. ZTT 등이 연안 해역과 중·단거리 해저 케이블 분야에서 생산량을 늘리고 있으며,[4] 중국전력건설그룹 등은 자체 케이블과 매설 장비를 운용하며 내

---

4 Adnan Memija, "ZTT Delivers First Batch of Submarine Cables for China's 1 GW Offshore Wind Project", offshoreWIND.biz, 2025년 9월 10일. https://www.offshorewind.biz/2025/09/10/ztt-delivers-first-batch-of-submarine-cables-for-chinas-1-gw-offshore-wind-project/

[그림31] LS전선 동해 공장 해저 케이블 턴테이블 (출처: LS전선)

해內海 중심의 시공 경험을 축적하고 있다. 다만, 초고압 DC 해저 케이블 개발과 수백 km급 장거리 프로젝트, 국제 인증 체계 확보 측면에서는 한국, 유럽 기업과의 기술 격차가 존재한다고 평가되고 있다.[5]

LS전선의 해저 케이블 전문 시공 자회사인 LS마린솔루션은 국내 최초로 HVDC 해저 포설 전용선을 보유한 기업이다. 이 선박은 케이블의 설계, 운송, 포설, 매설을 모두 수행할 수 있는 토털 시공 플랫폼으로, 이미 제주 3연계 HVDC 프로젝트를 성공적으로 완수했다. 또한 LS마린솔루션은 현재 아시아 최대급 포설선을 건조 중이며, 대만, 베트남 등 아시아 해역으로 사업 영역을 넓히고 있다. 대한전선 또한 최근 해상풍력용 해저 케이블 시공 시장에 진입하며 전용 포설

5 한국과 유럽은 각각 2022년과 2023년에 ±525kV, 700km급 HVDC 케이블의 국제 인증(PQ 테스트)을 통과하였다.

선을 확보하고 있다.

이처럼 한국은 케이블 제조에서 시공까지 이어지는 전 과정의 기술 역량을 자체적으로 확보한 몇 안 되는 나라가 되었다. 케이블이 전기의 길이라면, 시공은 그 길을 바다 밑에 새기는 손이다. 한국의 해저 케이블 산업은 최근 들어 실제 해저 시공 경험과 공급 범위를 확대하며, 글로벌 시장에서 경쟁력을 시험받는 새로운 단계에 들어섰다.

제어 시스템, 아직은 협력의 단계이나 빠르게 진화 중

앞서 HVDC 기술의 제어·보호 시스템은 전기 고속도로의 두뇌라고 말했다. 전력의 흐름을 실시간으로 감시하고, 그 흐름에 이상이 생기면 1,000분의 1초 이내에 전기를 차단하거나 우회시킨다. 그러나 이 영역에서 한국은 아직 해외 협력이 필수적이다. 현재 LS일렉트릭, 한전 전력연구원, 한국전력기술 등이 시뮬레이터, HMI(사람-기계 인터페이스), 제어 알고리즘의 국산화를 추진 중이지만 대형 실증 경험은 부족한 상황이다.

따라서 지금까지의 HVDC 사업은 주로 히타치나 지멘스 등 글로벌 기업과의 공동 패키지 형태로 진행되어 왔다. 그러나 최근 정부와 산업계는 HVDC 사업의 장기 실증 프로젝트를 준비하고 있다. 제어 기술은 수많은 운전 데이터와 예측 알고리즘, 그리고 다양한 이상 상황을 경험해야 성장할 수 있다. 따라서 국내 기업들이 글로벌 기업들과 어깨를 견줄 만큼 도약하기 위해서는 이러한 프로젝트와 같은 장기적 실증 사업과 그를 통한 다양한 경험 축적이 필수적이라고 할 수 있다.

히타치 에너지
Hitachi Energy

히타치 에너지Hitachi Energy는 세계 HVDC 기술을 선도하는 글로벌 에너지 인프라 기업으로, 스위스 취리히에 본사를 두고 있다. 이 회사는 2020년에 일본의 히타치Hitachi Ltd.가 스위스의 ABB로부터 전력망 사업부를 인수해 출범하였으며, 현재 전력 변환과 송전, 제어 시스템 전반을 아우르는 전력망 통합 솔루션 분야에서 세계 1위를 차지하고 있다.

이 기업의 모든 지분을 보유한 히타치 그룹 내에서 에너지 부문의 핵심 자회사로 기능하는 히타치 에너지는 140여 개국으로 사업을 확장하고 전 세계 약 40,000명의 임직원을 보유하고 있다. 2024년 기준 매출은 약 130억 달러 규모로, 이는 히타치 그룹 전체 매출의 15%를 차지한다. HVDC 기술과 전력망 디지털화 솔루션을 중심으로 히타치 에너지는 재생에너지 확대와 전기화의 흐름 속에서 안정적인 성장세를 이어가고 있다.

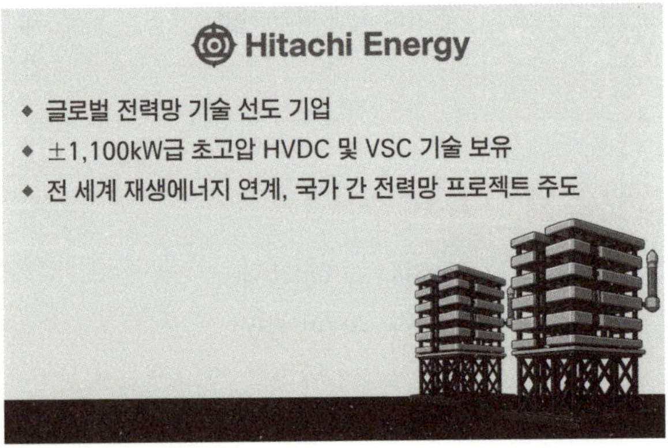

[그림32] 히타치 에너지

또한 전력 산업의 핵심 인프라인 초고압 송전·변환 기술을 연구하고, 변압기, 차단기, 제어·보호 시스템을 설계하고 제조하며, 세계 각국의 대규모 HVDC 프로젝트에 참여하고 있다. 특히 1954년 세계 최초의 상업용 HVDC 시스템(스웨덴 고틀란드 섬과 본토를 연결한다)을 개발한 이후, 70년 이상 HVDC 분야의 기술 표준을 주도해 왔다.

현재까지 150개 이상의 HVDC 프로젝트를 전 세계에 공급했으며, 북유럽의 노르드링크, 영국의 북해 연결망, 중국의 창지-구취안 초장거리 UHV 송전망 등 굵직한 사업에서 핵심 역할을 맡았다. 히타치 에너지는 "Advancing a Sustainable Energy Future for All(모두를 위한 지속가능한 에너지 미래를 앞당긴다)"을 기업 비전으로 내세운다.

이들은 HVDC 외에도 배전 자동화, 스마트 그리드, 에너지 저장 장치, 마이크로 그리드 등 전력망의 디지털 전환을 위한 솔루션을 제공하고 있다. 특히 AI 기반 제어 시스템인 e-메쉬mesh 플랫폼은 분산 전원, 에너지 저장 장치, 소규모 발전 자원을 통합해 실시간으로 최적 운전 상태를 계산하고, 지역 전력망의 부하와 발전량을 자동으로 조정하는 기능을 갖추고 있다. 또한 디지털 트윈 기반의 루마다 그리드 엣지Lumada Grid Edge 기술은 실제 전력망과 동일한 가상 모델을 구축하여 고장이나 출력 변동, 수요 급증 등의 상황을 사전에 시뮬레이션하고 최적의 대응 전략을 제시함으로써 각국 송전망의 안정성 확보와 운영 효율 향상에 기여하고 있다.

4

앞서가는 이유는 비슷하다

모든 것은 연결되어 있다. 홀로 존재하는 것은 없다.
(요한 볼프강 괴테, 18세기 독일의 작가)

ㅇ

전기의 시대에 이제 지도는 다시 그려져야 한다. 국경은 여전히 존재하긴 하지만, 바람은 한 나라의 것이 아니고 태양은 어느 땅에도 속하지 않는다. 그리고 그들이 만든 전기는 바다를 건너고, 사막을 지나, 도시로 모이게 된다.

전기 고속도로는 이제 지구적 차원의 인프라 경쟁이자, 보이지 않는 전력 전쟁이 되어가고 있다. 누가 먼저 길을 놓고, 누가 더 멀리 연결하는지에 따라 산업의 무게중심이 옮겨지고 새로운 경제권이 형성된다. 이 시대에는 연결이 곧 새로운 권력이다.

21세기의 전력망은 더 이상 눈에 보이지 않는 케이블과 변환기의 문제가 아니다. 그것은 경제와 외교, 산업과 안보가 교차하는 전략의 영역에 위치한다. 또한 전기는 국가의 신경계이자 문명의 생명선으로 진화하고 있다. 보이지 않는 바다 밑과 땅속에서 누군가는 이미 전기의 길을 잇고 있다.

전기 고속도로의 시대는 조용히, 그러나 분명히 시작되었다. 이제 각국은 서로 다른 이유로 같은 목표를 향해 움직인다. 끊기지 않는 전기, 멈추지 않는 흐름을 만들어 내면서 말이다. 이 장에서는 그 길 위에서 누가 앞서가고 누가 뒤처지는지, 그리고 그 차이를 만드는 것은 무엇인지를 살펴볼 것이다.

| 유럽, 바닷바람을 잇는 전기의 길 |

유럽은 누구보다 먼저 '전기의 시대'를 체감한 대륙이다. 탄소중립이라는 거대한 목표를 향해 나아가며, 그들은 에너지 시스템 전체를 새로 설계하고 있다. 그 중심에는 바다와 바람, 그리고 전력망이 있다. 유럽은 단순히 재생에너지를 생산하는 데서 멈추지 않았다. 그 전기를 국경을 넘어 나누고 저장하며 순환시키는 '슈퍼그리드Supergrid'[1]라는 거대한 구상을 현실로 옮기고 있다.

---

1 슈퍼그리드Super Grid는 대륙이나 국가 간에 전력망을 연결하여 전력을 상호 융통하는 거대한 에너지 수송 네트워크를 의미한다. 이를 통해 신재생에너지를 효율적으로 공유하고, 전력 생산 비용을 절감하며, 안정적인 전력 공급을 확보하는 것을 목표로 한다.

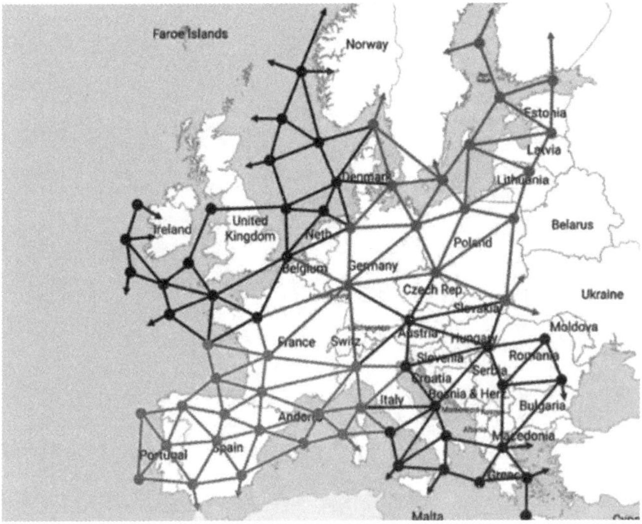

[그림33] 유럽의 슈퍼그리드 (출처: Supernode)

북해, 유럽의 '전기 발전소'

유럽의 에너지 혁신은 북해에서 시작됐다. 영국, 덴마크, 네덜란드, 독일, 노르웨이 등 북해에 인접한 나라들은 모두 이 거친 바람의 바다를 하나의 거대한 발전소로 바꾸고 있다. 이 지역에선 이미 수백 기의 해상풍력 터빈이 돌아가며, 이들은 2030년까지 총 120GW 규모의 해상풍력을 구축하겠다는 공동 목표를 세웠다. 영국은 50GW, 독일은 30GW, 덴마크는 18GW를 구축하겠다고 내세운 이 목표는 쉽게 볼 숫자가 아니다. 현재 유럽 전체의 연간 해상풍력 설비 용량이 약 30GW 수준임을 고려하면, 2030년의 목표는 현 규모의 네

배 이상을 새로 짓겠다는 계획이다.

또한 최종 목표인 120GW는 원전 100기(원전 1기는 약 1.2GW급) 혹은 대형 석탄 발전소 240기의 설비 용량에 해당하는 규모로, 단일 재생에너지원에 이러한 투자가 집중된 사례는 역사에서도 드물다. 이와 같은 유럽 국가들의 대담한 숫자 너머에는 하나의 확신이 있다. 바로 전기의 미래가 바다 위에 있다는 것이다.

하지만 역시 바람만으로는 충분하지 않다. 전기를 만드는 것보다 더 어려운 일은 만들어 낸 그 전기를 흘려보낼 방향을 설계하는 일이다. 그 해답이 HVDC 기술에 있다. 유럽은 HVDC 케이블로 바다 위의 발전소와 육지를 잇고, 각국의 전력망을 서로 연결하며, 북해 전역으로 전기를 자유롭게 오가게 했다.

유럽의 전기 고속도로는 이제 현실이 되었다. 2021년 완공된 노르웨이–영국 간 북해 연결망North Sea Link은 그 상징이다. 이 연결망은 720km의 길이에 달하는데, 이 중 716km가 해저를 지닌다. 또한 525kV급 HVDC 케이블로 이루어진 이 망을 통해 하루 최대 1.4GW의 전력이 오간다. 예를 들어 바람이 강하게 부는 날에 영국의 전력이 남는다면, 그 전기는 바다를 건너 노르웨이의 수력댐에 저장된다. 그리고 반대로 영국의 전력 수요가 급증하게 되면, 노르웨이에서 물을 흘려 전기를 되돌려 보낼 수도 있다.

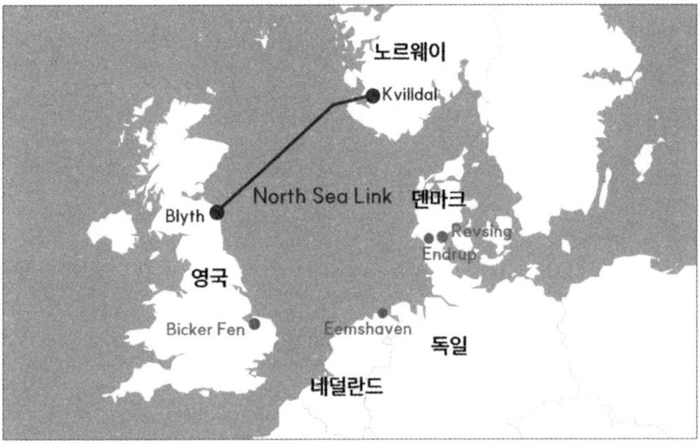

[그림34] 북해 연결망

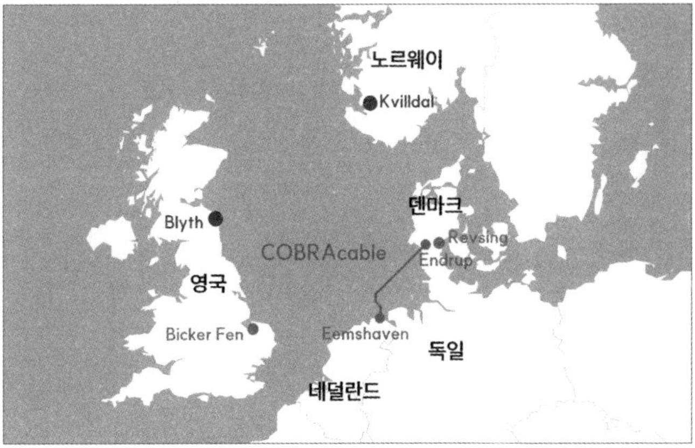

[그림35] 코브라 케이블

여기에 더해서, 덴마크와 네덜란드를 잇는 코브라 케이블 COBRA cable 또한 유럽 통합 전력망의 중요한 축이다. 2019년 완공된 325km의 해저 HVDC 선로인 코브라 케이블은 양국의 풍력·태양광 전력을 상호 보완하며, 양방향 송전 시대의 서

막을 열었다. 덴마크의 풍력이 넘칠 땐 전기가 네덜란드로, 네덜란드의 전력 수요가 줄면 전기가 다시 덴마크로 움직인다.

2024년 완공된 바이킹 연결망Viking Link은 덴마크와 영국을 연결하는 765km의 해저 송전선이다. 1.4GW급 전력이 북해를 건너며, 두 나라는 재생에너지의 간헐성을 서로 보완하며 계통 안정성을 높이는 효과도 함께 거두고 있다.

특히 영국과 유럽 대륙이 정치적으로는 브렉시트로 갈라졌음에도 이들을 잇는 전력망이 아직 남아 있다는 사실은, 전기의 흐름이 정치적 국경을 초월한다는 사실을 보여 준다. 전력은 더 이상 한 나라의 소유가 아니며, 전기는 정치보다 오래간다는 것이야말로 유럽이 세계에 보여 주는 가장 명확한 메시지다.

유럽의 다음 실험은 더욱 대담하다. 덴마크는 북해 한가

[그림36] 바이킹 연결망

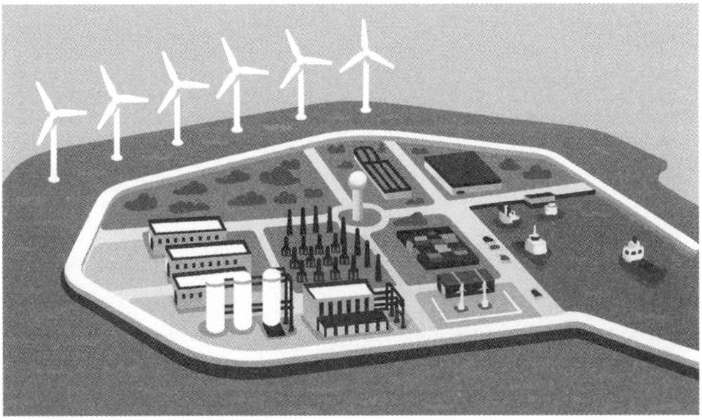

[그림37] 덴마크의 에너지 섬은 민간의 효율성이 적용된 모델이다

운데에 인공 섬, 즉 '에너지 아일랜드Energy Island'를 세우고 있다. 덴마크는 2033년까지 10GW급 해상풍력 전력을 한곳에 모아 주변국으로 분배하고, 장차 수소 생산과 전기 선박 충전의 거점으로 확장할 계획이다. 이 인공 섬은 발전소이자 항만이며, 전기와 데이터, 수소가 만나는 새로운 산업 허브가 될 것으로 예상된다.

발전에서 송전으로

유럽의 진짜 강점은 발전과 송전을 하나의 그림으로 설계했다는 점에 있다. 그들은 바람이 불 때만 전기를 생각하지 않는다. 바람이 불어 전기를 만들면, 그 이후에 전기가 어디로 흘러가고 누구에게 닿을지까지 미리 생각하고 계획한다. 다시 말해, 풍력 발전에서 중요한 것은 단지 전기를 생산해 내는 것이 아니라 전력의 흐름을 설계하는 것이라는 사실을 유럽은 오래전부터 깨달은 것이다. 이는 한국을 포함해 많은 나라가 아직 도달하지 못한 단계이다.

유럽은 이제 말 그대로 에너지를 '나누는' 대륙이다. 바람이 잠든 나라에서 바람이 부는 나라의 전기가 사용되고, 전력이 남는 지역이 전력이 부족한 곳을 돕는다. 이러한 순환의 구조가 바로 유럽형 에너지 전환의 핵심이다. 그들은 해상풍력 터빈을 세우는 데서 멈추지 않고 그 바람이 흘러갈 길, 곧 전기의 길을 함께 만들었다. 유럽의 바다는 여전히 고요하지만, 그 밑에 존재하는 길을 통해 전기는 쉼 없이 흐르고 있다. 지금도 유럽의 바람은 국경을 넘어 전해지고, 이 흐름 위에서 유럽은 한발 먼저 미래를 맞이하고 있다.

| 미국, 대륙을 가로지르는 전기의 대동맥 |

미국은 지금 전기라는 보이지 않는 강을 대륙 전체로 흘려보내고 있다. 그러나 거대한 대륙에서 만들어 내는 재생에너지는 넘치는 반면, 정작 그 에너지가 필요한 도시와 산업 지대까지 이르는 길이 없다. 바람은 캔자스에서 불고, 태양은 뉴멕시코의 사막 위에 내리쬐지만, 실제로 전기가 필요한 곳은 뉴욕의 마천루, 시카고의 공장, 캘리포니아의 데이터센터다.

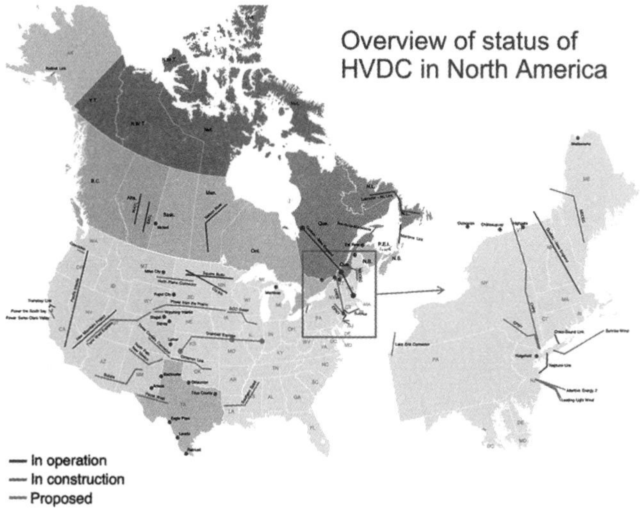

[그림38] 2024년 북미 HVDC 계획 (출처:RTO insider)

그래서 미국은 이제 이 물리적 간극을 메우기 위한 새로운 도로를 깔고 있다. 석유의 시대가 끝나고 전기의 시대가 시작되면서, 에너지는 이 광대한 대륙을 가로질러 다시금 길을 찾고 있다. 이번에는 곡물의 땅이 어떻게 전기의 땅으로 바뀌는지, 그리고 사막의 태양이 어떻게 서부의 불빛으로 옮겨 가는지를 살펴볼 것이다. 지금 미국은 산업의 지도뿐 아니라 에너지의 지형도를 다시 그리고 있다.

그레인 벨트 익스프레스: 곡물의 땅에서 전기의 땅으로

한때 '곡물의 바다'라 불리던 미국 중서부의 끝없는 평원은 이제 전기의 바다로 바뀌고 있다. 여기서 태어난 바람은 풍력 터빈을 돌리는 데 사용되고, 그렇게 생산된 전기는 그레인 벨트 익스프레스Grain Belt Express를 따라 동부로 흐른다.

이 송전선은 캔자스에서 출발해 미주리, 일리노이, 인디애나를 지나 동부 전력망과 맞닿는다. 총 길이 1,300km, 전압 600kV의 HVDC, 송전 용량 4GW인 이 송전망은 약 300만 가구의 불을 켤 수 있는 규모다. 이를 통해 평원의 바람이 만든 전기를 수천 km 떨어진 도시로 보내거나, 필요할 땐 방향을 바꾸어 동쪽의 도시에서 다시 서쪽으로 흐르게 하는 일이 가능해진다.

2026년 착공 예정인 그레인 벨트 익스프레스 프로젝트는 미국판 전기 고속도로의 상징, 즉 에너지의 생산과 소비를 국가 단위로 통합하려는 실험이라고 할 수 있다. 이전에

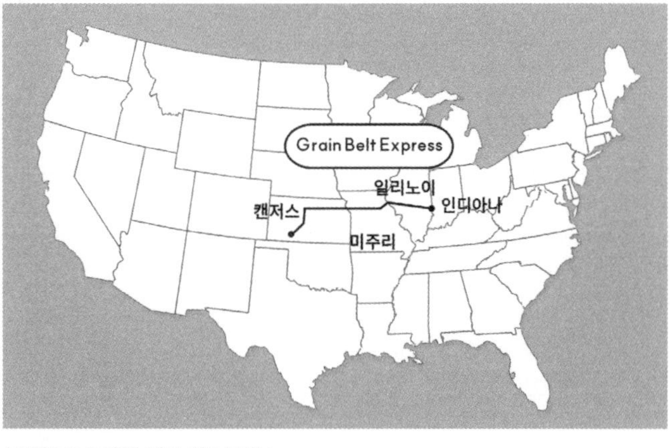

[그림39] 그레인 벨트 익스프레스

는 철도와 고속도로가 산업화의 기반이었다면, 21세기 산업화의 토대는 이제 전기의 길이다.

선지아 트랜스미션: 사막의 태양을 서부로

미국 남서부 뉴멕시코의 사막은 낮 동안 한 치의 그림자도 없다. 그 뜨거운 태양 아래에서 선지아 트랜스미션SunZia Transmission은 햇빛을 전기로 바꾸어 서쪽으로 흘려보낸다.

총길이 885km, 525kV HVDC, 최대 송전 용량 3GW인 이 송전망은 뉴멕시코의 거대한 태양광·풍력 단지에서 전기를 생산해 애리조나를 지나 캘리포니아까지 전기가 흐르도록 한다. 이 프로젝트는 발전 단지와 도시를 하나의 시스템으로 묶는 새로운 재생에너지 인프라다. 2023년 착공해 2026년 완공을 목표로 하는 이 송전망은 그레인 벨트 익스프

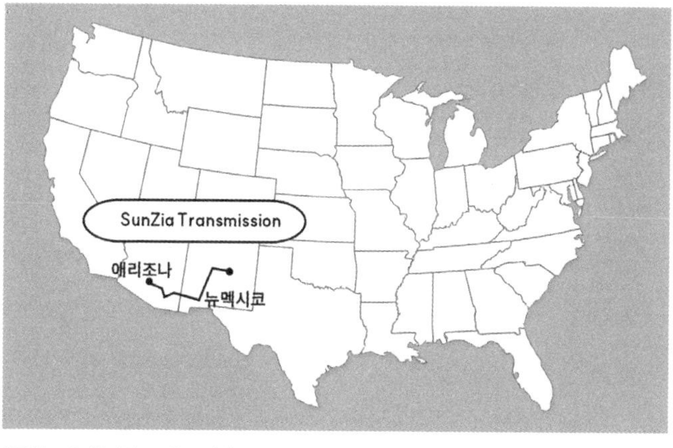

[그림40] 선지아 트랜스미션

레스 완공 전까지 미국 최대의 육상 송전 프로젝트가 되며, 사막의 태양이 도시의 불빛으로 이어지는 미국 남서부의 '빛의 루트'의 핵심이다.

트랜스웨스트 익스프레스: 바람의 고원에서 도시로

미국 북서부 와이오밍의 드넓은 고원은 바람이 그치지 않는 지역이다. 그리고 여기에서 부는 바람이 도시로 향할 수 있게 만든 길, 그것이 바로 트랜스웨스트 익스프레스TransWest Express다.

2023년 착공되어 2027년 완공 예정인 이 송전망은 미국 서부 전력 구조를 근본적으로 바꾸게 될 것으로 전망된다. 와이오밍의 풍부한 풍력 자원을 캘리포니아와 라스베이거스의 소비시장으로 직접 잇는 1,170km급 송전노선과 약 3GW

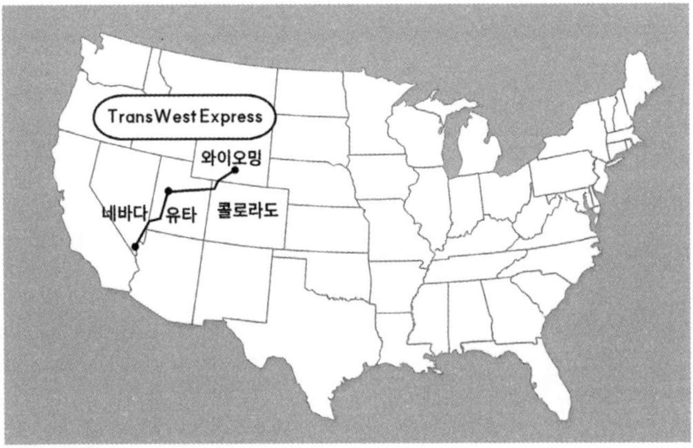

[그림41] 트랜스웨스트 익스프레스

의 최대 송전 용량은 과거의 지역발전과 지역소비 중심 소비 구조를 넘어, '발전지역 → 소비지역'의 장거리 전력 이동 체계로 나아가는 기반이 되기 때문이다. 이 송전망은 고원의 바람이 만들어 낸 전기가 수천 km를 달려 사막 도시의 밤을 밝히는 일을 가능하게 한다.

길이 없으면 기술도 멈춘다

오늘날 미국에는 풍력·태양광 발전소가 넘쳐나지만, 그럼에도 송전망이 부족해 멈춰 선 프로젝트만 1,000건이 넘는다. 데이터센터나 전기차 충전소 등 산업 발전에 필수적인 시설들이 전기가 부족해 착공이 지연되고 있는 것이다. 이러한 현실을 반영하여 2022년 발효된 '인플레이션 감축법Inflation Reduction Act, IRA'[2]은 발전보다 송전망 투자에 중심을 두었다. 또한 에너지부는 전력망보급사무국Grid Deployment Office, GDO을 신설하고 지역별 전력망을 하나로 잇는 구상을 실현하려고 하고 있다. 이는 미국 전역의 전력 흐름을 하나의 거대한 전기 철도망으로 통합하려는 시도다.

미국 동부 해상에서는 이미 해상풍력과 HVDC를 결합한

---

2 2022년 미국에서 제정된 법으로, 인플레이션 억제를 목표로 하지만 기후 변화 대응과 에너지 안보 강화에 중점을 두고 있다. 이 법의 주요 내용은 청정에너지 산업에 대한 투자와 세제 혜택 확대, 그리고 미국 내 공급망 재편 촉진이며, 특히 전기차 구매 보조금을 조건부로 지급하는 것을 특징으로 한다.

해상 송전망 로드맵이 가동되고 있다. 뉴욕과 뉴저지 앞바다에서는 공유형 해저 케이블의 실증 사업이 진행 중이며, 해상 풍력의 전기를 안정적으로 도시에 보내는 '해양 전력 고속도로'도 설계되고 있다. 미국은 재생에너지의 흐름을 국가 단위로 통합하고, 산업 경쟁력을 전기의 흐름을 기반으로 재설계하려고 하는 중이다. 바람과 태양은 이미 준비되어 있다. 이제 남은 것은 그 에너지가 흘러갈 길을 완성하는 일뿐이다.

트럼프 행정부는 IRA, IIJA[3] 자금 집행을 일시 정지하는 행정 명령을 내리는 등 정책의 방향이나 우선순위에서 변화를 꾀하고 있다. 트럼프 행정부의 자금 집행 중단 조치로 인해 일부 송전망 프로젝트가 당초의 계획대로 진행될지는 조금 더 지켜볼 일이다.

| 중국, 초고압 전기로 묶인 국토 |

중국은 지금 세계에서 전기를 가장 많이 만들고, 가장 많이 쓰는 나라이다. 풍력과 태양광 발전량은 이미 세계 1위[4] 지

3 IIJAInfrastructure Investment and Jobs Act(인프라 투자 및 일자리법)는 2021년 11월 조 바이든 대통령이 서명한 법안이다. 이는 미국의 도로, 철도, 대중교통, 광대역 인터넷, 전력망 등 사회기반시설에 대규모로 투자하고 일자리를 창출하는 것을 목표로 한다.

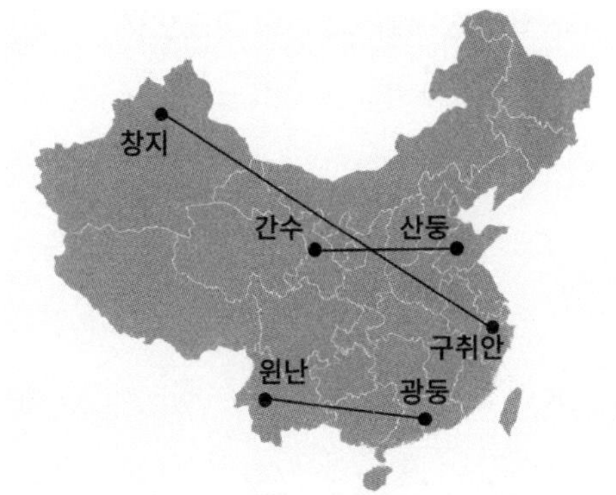

[그림42] 중국의 대표적 초고압 송전망 프로젝트

만, 그 에너지는 서쪽의 고원과 사막에 집중되어 있는 반면 전기를 쓰는 사람들은 동쪽의 대도시와 공업 지대에 있다. 여기에서도 마찬가지로, 에너지는 있지만 길이 없다는 문제가 발생한다.

그래서 중국은 국토 전체를 하나의 거대한 전력망으로 엮는 초초고압 송전Ultra High Voltage, UHV 전략을 선택했다. 2000년대 초 시작된 '서전동송西電東送', 즉 '서쪽에서 전기를 만들고, 동쪽으로 보낸다'는 국가 정책은 이제 세계에서 가장 크고, 가장 복잡하며, 가장 강력한 송전망을 만들어 내는 산업 정책의 핵심 축이 되었다.

---

4 2023년 말 기준 중국의 재생에너지 설비 용량은 1,472GW로, 화력 발전 설비 용량(1,390GW)을 추월했다. 이는 전 세계 태양광, 풍력 발전 설비 용량의 절반 가까이를 차지할 정도로 압도적인 규모이다.

창지 – 구취안 라인: 3,324km의 전기 고속도로

2019년, 신장 자치구 창지에서 안후이성 구취안까지 이어지는 3,324km의 UHVDC 송전선이 완공됐다. 이 송전망은 전압 1,100kV, 송전 용량 12GW로, 세계에서 가장 강력한 전력 고속도로이다. 서부 사막의 바람과 태양이 만들어 낸 전기가 이 노선을 따라 수천 km 떨어진 상하이 등 화동華東 경제권으로 흘러간다. 이 송전망은 전력 손실을 최소화할뿐더러 한 줄의 송전선이 수십 개의 노선을 대신할 정도로 높은 효율을 자랑함으로써, 그야말로 '서전동송'의 중국식 전기 고속도로를 대표한다고 할 수 있다.

윈난 – 광둥 라인: 수력의 힘을 동부로

중국 남서부 윈난성은 산이 깊고 물이 많은 지역으로 수력 자원이 풍부하다. 이곳의 수력 발전소에서 만들어진 전기는 1,400km 떨어진 제조업 중심지인 동남부의 광둥성으로 흘러간다. 2010년에 개통된 800kV급 직류 방식, 송전 용량 5GW의 이 송전망은 중국의 첫 본격 UHVDC 프로젝트로 기록됐다. 윈난의 물줄기가 광둥의 공장 불빛으로 바뀌는 과정은 곧 수력으로 산업을 돌리는 탈탄소를 위한 실험이었으며, 석탄을 태우지 않고도 공장을 움직일 수 있다는 증명이기도 했다. 지금도 이 라인은 중국 남부의 가장 안정적인 청정 전력 공급로로 불린다.

롱둥-산둥 라인: '풍광화저' 시대의 새로운 모델

간쑤성의 롱둥은 풍력, 태양광, 화력 발전과 이를 통해 생산된 에너지를 저장하는 기술이 한데 모인 복합 에너지 허브다. 이곳에서 생산된 전기를 동부의 산둥성으로 보내는 롱둥-산둥 HVDC 프로젝트는 전압 800kV, 최대 송전 용량 8GW, 총 길이 926km의 초고압직류 송전망을 설치하려는 계획이다. 2023년 착공된 이 프로젝트는 2025년 6월부터 상업 운전에 들어갔다.

이 노선의 특별함은 '풍광화저風光火貯', 즉 풍력, 태양광, 화력과 저장을 결합한 지능형 전력 시스템이라는 점이다. AI 기반 제어 시스템으로 시간대별 전력 변동을 조정하고, 배터리 저장소가 순간적인 부하를 흡수한다. 이 시스템을 통해 이제 연간 36TWh의 전기를 중국 동부로 보낼 수 있게 되었으며, 매년 1,500만 톤의 탄소 배출을 줄일 것으로 기대된다.

바다로 향하는 중국의 전기

중국의 초고압 송전망은 국가 전체를 하나로 묶는 신경망이다. 창지-구취안, 윈난-광둥, 롱둥-산둥으로 이어지는 이 거대한 전력의 흐름은 시간과 기후, 지역의 경계를 넘어, 전기를 어디서 만들든 간에 어디로든 보낼 수 있는 거대한 전력 플랫폼을 완성해 가고 있다. 발전소가 어디에 있든 전기를 필요한 곳으로 보낼 수 있어야 한다는 중국의 이러한 국가적 에너지 네트워크 전략은 이제 바다 위와 국경 너머로 확장되고 있는 중이다.

산둥성, 장쑤성, 저장성, 푸젠성 등이 위치한 동부 해안에는 이미 수십 GW 규모의 해상풍력 단지가 조성되고 있으며, 2030년까지 해상풍력 발전으로 100GW의 전력을 생산하는 것이 목표다. 이 발전 단지들은 단독으로 운영되는 것이 아니라, 500kV급 해저 HVDC 케이블과 해상 변전소를 통해 하나의 '해상 전력망Ocean Grid'으로 서로 연결된다. 이미 500kV급 해저 송전선이 시범 운영 중이며, 다중 풍력 단지를 묶는 통합형 해상 전력 허브 구상도 진전 중이다.

중국은 이 해상망을 자국의 전력 계통을 보완하는 동시에, 동북아시아와 동남아시아와의 초국경 전력 연계망을 모색하는 기반으로 보고 있다. 중국 에너지 전략의 핵심은 이제 전기를 국경 안에 가두지 않는 것이 되었다.

ㅣ 싱가포르, 국경을 넘어 설계된 전기의 길 ㅣ

싱가포르는 에너지 자원이 거의 없는 나라다. 작은 국토에는 마음껏 바람을 맞이할 언덕도 많지 않고, 태양광 패널을 대규모로 깔 땅조차 부족하다. 그러나 이들이 지닌 시야만큼은 그 어떤 나라보다 넓다. 에너지를 직접 만들 수 없다면 에너지를 연결하겠다는 단순하면서도 대담한 전략으로 싱가포르는 자신이 지닌 제약을 기회로 바꾸었다.

이 전략의 핵심은 국가 간 전력 연계, 즉 전기를 수입하되 그 흐름을 설계하고 통제하는 것이다. 싱가포르는 이미 말레이시아와 인도네시아와의 전력 교류를 시작했고, ASEAN 전력망 통합ASEAN Power Grid, APG의 중심 허브로 자리 잡았다. 그리고 이제는 그 시선을 더 멀리 뻗어, 호주와 베트남에까지 사업을 확장하고 있다.

호주-싱가포르 AA파워링크: 사막의 태양을 도시로

호주의 북부에 위치한 다윈 인근의 사막, 끝없는 붉은 모래 위에 20GW의 태양광 패널이 들어섰다. 그리고 그곳에서 생산된 전기는 4,300km의 해저 HVDC 케이블을 따라 싱가포르로 향하게 된다. 이것이 바로 호주-아시아 파워링크AAPowerLink 프로젝트다. 이 구상에 따르면 20GW 규모의 태양광 발전소와 42GWh 규모의 에너지 저장 장치를 통해 최대 송전 용량 1.75GW의 전력을 공급할 수 있어, 싱가포르 전력 수요의 약 15%를 감당할 수 있게 된다.

2023년 한때 이 사업은 중단되었지만, 호주 정부가 이를 '국가 전략사업'으로 재지정하며 현재는 다시 추진 중이다. 새로운 컨소시엄이 사업을 이어받았고, 2030년대 초 상업 운전을 목표로 하고 있다. 이는 국가가 서로의 전기를 상품처

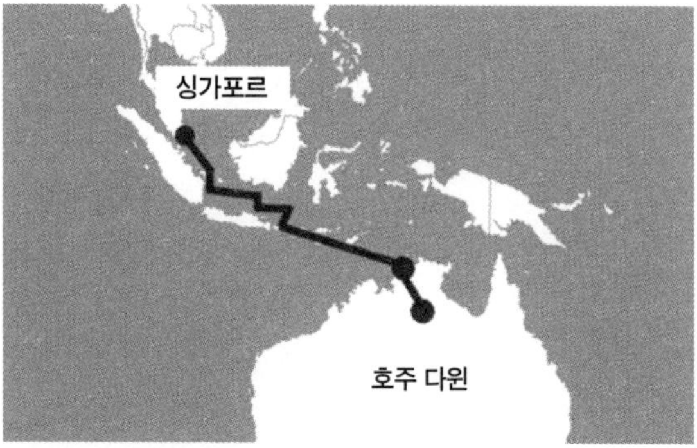

[그림43] AA파워링크

럼 거래하는 전력 무역을 제시하는 새로운 재생에너지 모델이며, 기술·외교·경제가 결합된 21세기형 인프라 프로젝트라고 할 수 있다. 전기가 국경을 넘어 흐르는 시대, AA파워링크는 연결이 곧 자원이라는 새로운 세계 질서를 예고한다.

베트남 – 싱가포르 연계: 동남아의 바람과 연결되려는 움직임

당연히 싱가포르는 호주뿐 아니라 가까운 동남아 국가와도 손을 잡고 있다. 한 사례로, 베트남 중부 해안의 풍력·태양광 단지를 해저 HVDC 케이블로 싱가포르와 연결해 전기를 수입하는 계획이 검토 중이다. 베트남은 자원은 많으나 수요가 적고, 싱가포르는 수요는 많으나 자원이 없다. 이러한 두 나라를 전력망으로 연결한다면 생산과 소비의 관계가 균형 함수로 다시 정의될 것으로 보인다.

양국 정부는 이미 사업성 평가와 기술 타당성 조사를 진행 중이며, 이 노선은 ASEAN 전력망의 시범 모델이 될 가능성이 높다. 풍부한 바람과 햇빛이 있는 곳에서 태어난 에너지를 가장 효율적으로 사용할 수 있는 도시로 보내는 이 프로젝트를 싱가포르는 지리의 한계를 디자인으로 극복하는 일로 생각하고 있다.

자원은 없어도 전략은 있다

싱가포르 정부는 2035년까지 국내 전력 수요의 30%를 해외에서 가져오겠다는 목표를 세웠다. 그러나 이 계획은 단순히 '사는 것'이 아니라 '설계해서 들여오는 것'을 말하고 있다. 어떤 나라에서 어떤 전력을 어떤 방식으로 가져올지를 싱가포르 정부가 직접 기획하는 것이다. 전력망 표준화, HVDC 기술 검증, 송전 인프라의 신뢰성 확보를 정부가 주도하고 있으며, 민간 기업은 이를 바탕으로 하여 에너지 설계자로 참여하게 된다. 싱가포르에 있어서 전력은 단순한 자원이 아니라 외교이자 기술, 그리고 국가 안보가 된다. 전기를 어떻게 누구와 연결하는지가 이제 경제 협력의 형태를 바꾸고 있기 때문이다.

작지만 멈추지 않는 나라, 싱가포르는 에너지를 직접 만들지 않아도 연결을 설계하면 된다는 발상의 전환으로 에너지 전환 시대의 가장 영리한 나라로 진화했다. 이러한 전략은 우리에게도 시사하는 바가 크다. 물론 한국은 싱가포르처럼 전기를 수입해야만 하는 국가는 아니지만, 현재 국내의 재생에너지의 입지는 제한적이고 전력 수요는 에너지 생산지에서 멀리 떨어진 수도권에 집중되어 있다는 구조적 문제를 안고 있다.

해상풍력 발전이 가능한 지역은 대부분 에너지가 필요한 수도권에서 수백 km 떨어져 있는 곳이다. 결국 전기가 만들어지는 지역과 필요한 지역의 거리가 멀다는 점에서 '전력의 흐름을 어떻게 설계할 것인가'라는 질문의 필요성은 싱가포르와 동일하다고 할 수 있다. 그렇다면 우리도 이젠 그 전기를 어디로 어떻게 보낼 것인지에 관해 생각해야 한다. 싱가포르는 그 질문의 답을 가장 먼저 찾은 국가다. 작은 나라가 큰 세상을 움직이는 방법은 다름 아닌 '전기의 흐름을 설계하는 일'이다.

| 일본, 바다 위의 전기로 한계를 뛰어넘다 |

일본은 길고 좁은 국토 곳곳에 험한 산맥이 포진해 있고, 수천 개의 섬들이 흩어져 있는 나라다. 이 땅의 전기는 처음부터 중앙으로 모일 수가 없었다. 일본의 전력망은 이러한 지리적 조건 때문에 다른 나라와는 달리 중앙집중식이 아니라 각 지역이 스스로 전기를 만들어 쓰는 지역분산식 형태로 발

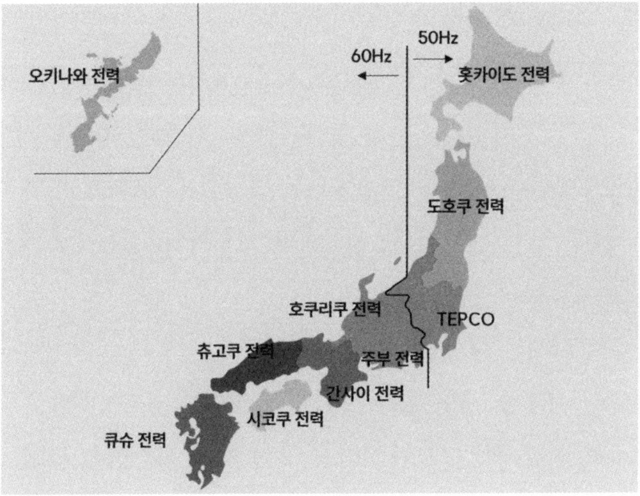

[그림44] 일본의 각 전력 회사의 관할 구역 표시 지도

전해 왔다.

현재 일본 전역에서는 10개의 전력 회사가 각 지역의 전력망을 운영하고 있으며, 동쪽은 50Hz, 서쪽은 60Hz의 주파수를 쓴다. 한 나라 안에 두 개의 전기 시스템이 공존하는 셈이다. 하나의 계통으로 묶이지 못한 구조는 당연히 비효율적이긴 하지만, 한편으로는 '지역 자립형 전기'의 실험실이 되기도 했다.

'지역이 자립하는' 전기로

2011년 동일본 대지진과 후쿠시마 원전 사고는 일본의 에너지 패러다임을 완전히 바꾸어 놓았다. 한때 국가의 자존심이던 원자력은 불신의 상징이 되었고, 일본은 에너지에 대한 새로운 답을 찾아야 했다. 그리고 그 답은 멀리서 가져오는 전기보다 가까이서 만드는 전기였다. 그날 이후 분산형 재생에너지와 지역 자립형 전력망으로 방향을 튼 일본은 전국 곳곳에서 '스마트 커뮤니티'와 '에너지 회복력Resilience' 프로젝트를 시작했다.

도요타시는 태양광·배터리·전기차를 결합해 도시 단위의 에너지 자립을 시험했고, 오키나와현의 미야코지마섬은 태양광과 축전지만으로 이루어진 전력 자급 시스템을 통해 섬 전체를 움직이는 데 성공했다. 요코하마시, 사카이시, 이시카와현에서도 비슷한 시도가 이어졌다.

그리고 이러한 작은 실험들이 모여 하나의 흐름을 만들었다. 거대한 중앙 발전소 대신 작은 지역에서 스스로 에너지를 생산하고 소비하는 구조를 통해 일본은 '스마트 시티'보다 더욱 실용적인 '스마트 마을' 모델을 먼저 완성했다.

해상풍력으로 눈을 돌리다

그러나 시간이 지나며 또 다른 한계가 드러났다. 재생에너지의 최대 약점은 바로 계통이다. 태양광과 풍력을 통해 전기를 아무리 만들어도, 결국 전력 계통의 연결이 약하면 버려지는 전기가 생긴다는 것이다.

이 문제를 해결하기 위해 일본은 시선을 바다로 돌렸다.

길게 뻗은 해안선과 사계절 내내 안정된 바람을 지닌 일본은 해상풍력의 잠재력이 크다. 일본 정부는 2040년까지 해상풍력 45GW의 전력 보급을 목표로 세우고, 아키타현, 야마가타현, 치바현, 나가사키현 등지에서 대규모 프로젝트를 추진 중이다.

하지만 해상풍력의 진짜 핵심은 터빈 자체에 있지 않았다. 일본은 그 바람으로 생산한 전기를 어디로 어떻게 흘려보낼 것인가를 생각해야 했다. 2023년 일본 정부는 '해상 계통망 로드맵'을 발표해, 여러 해상풍력 단지를 하나의 해상 변전소로 묶고 해저 HVDC 케이블을 통해 이 변전소들을 육상 계통과 연결하는 구상을 제시했다. 이 망을 통해 장거리 대용량 송전이 가능해진다면, 이는 일본식 해상 전기 고속도로의 출발점이 될 것으로 보인다.

홋카이도-혼슈 라인: 북쪽에서 수도권으로

수많은 섬으로 이루어진 일본은 대륙형의 초장거리 송전 방식을 적용하기가 어렵다. 그래서 일본은 전기를 바다 밑으로 보내기로 했다. 1979년, 혼슈와 홋카이도를 잇는 일본 최초의 HVDC 연계선이 완공됐다. 세이칸 해저 터널을 따라 설치된 총 길이 193km의 이 라인은 북부에서 생산된 전기를 혼슈로 보내는 첫 전기 고속도로다.

2019년에는 두 번째 HVDC 회선이 추가되며 이 송전망

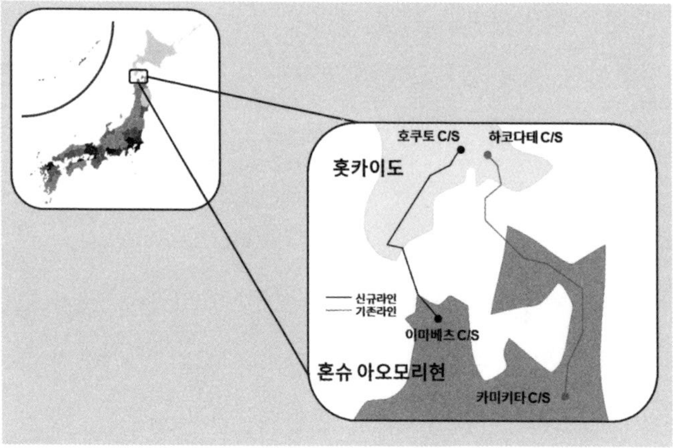

[그림45] 두 개의 홋카이도-혼슈 라인

의 송전 용량과 안정성이 대폭 향상되었다. 현재 세 번째 회선이 공사 중이며, 2027년 완공 시 송전 용량은 0.9W에서 1.2GW로 늘어난다. 이 회선은 지진 등의 재난이 발생할 시에도 전력 흐름이 끊기지 않도록 설계되어, 북부의 바람이 수도권의 불빛을 흔들림 없이 지탱하는 길이 되고 있다.

기이 해협 라인: 일본 전력망의 숨은 허리

2000년에 완공된 기이 해협(수도) HVDC 라인은 시코쿠와 간사이를 잇는 250kV급 해저 송전망이다. 해저의 50km를 포함해 총 길이 100km, 송전 용량 1.4GW인 이 시스템은 서로 다른 주파수를 쓰는 동서 지역을 연결하며, 필요에 따라 전기가 양방향으로 흐르게도 한다. 예를 들어 여름에는 전력

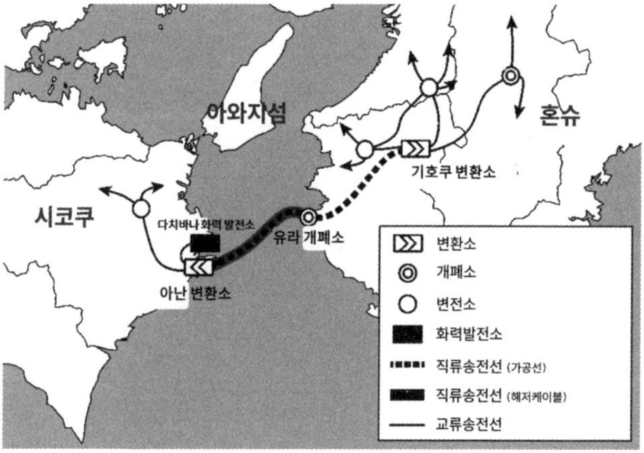

[그림46] 기이 해협 라인

수요가 피크인 낮 동안에는 시코쿠의 전력이 간사이로, 밤에는 반대로 흘러가는 식이다. 이 회선은 일본 최초의 1GW급 해저 송전망으로, 오늘날까지도 일본 전력망의 안정적인 전원 연계 인프라로 활용되며 든든한 허리 역할을 하고 있다.

바다 위에서 전기를 설계하다

일본은 대륙형 초고압망을 가지지 못했지만, 대신 분산형·해상형 전력 시스템을 통한 전기의 길을 만들었다. 해상풍력단지, 해상 변전소, 해저 케이블, 그리고 육상 변전소로 이어지는 다중 네트워크형 전력 시스템 속에서 전기는 먼 곳이 아니라 도시 가까이, 사람 곁에서 만들어지고 소비될 뿐만 아니라 더 유연하게 흘러가고 있다. 바다 위의 유연한 전력망이야말로 일본이 에너지의 미래를 위해 택한 길이다.

| 길이 있어야 전기가 통한다 |

지금까지 살펴본 바와 같이, 에너지 전환은 발전소를 짓는 일에서 끝나지 않는다. 만들어 낸 전기를 결국 어디로 어떻게 보낼 것인가라는 질문은 이제 전력망의 설계뿐만 아니라 국가 전략에 있어서도 중요한 문제다. 전기를 흘려보낼 길이 있어야 산업이 움직이고 문명이 작동한다.

세계 각국은 이 질문에 각자의 방식으로 답하고 있다. 유럽은 국경을 넘는 전력망 통합으로 에너지 자원을 효율적으로 활용하고 있다. 북해의 바람과 남유럽의 태양을 HVDC 송전망으로 잇고, 유연성을 높인 계통을 통해 서로 잉여 전력을 주고받으며 하나의 전력 시장을 만들어 냈다. 그 결과, 전기는 이제 단일 국가의 자산이 아니라 유럽 대륙이 공유하는 인프라가 되었다.

미국은 광대한 대륙을 가로지르는 전기의 길을 놓고 있다. 중서부의 바람과 남서부의 태양을 동서 해안의 대도시와 데이터센터로 보내는 수천 km의 HVDC 망은 재생에너지 시대의 대동맥이자 디지털 산업의 생명선이라고 할 수 있다.

중국은 초초고압 송전으로 서부의 자원과 동부의 수요를,

다시 말해 국토를 하나로 묶었다. 신장의 태양, 내몽골의 바람, 황허의 수력이 1,000kV급 전력망을 따라 동부 연안의 공장과 도시로 흐른다. 그 길은 에너지 안보와 산업 전략을 동시에 지탱하는 세계 최대 규모의 전력 네트워크를 만들어 냈다.

싱가포르는 전력을 설계하는 도시 국가다. 자원은 거의 가지고 있지 않지만, 호주와 베트남의 전기를 해저 HVDC 케이블로 들여오면서 전기의 흐름을 직접 설계한다. 직접 만들지 않아도 연결을 통제하면 된다는 생각을 기반으로 싱가포르는 국가 간 전력망 연계라는 새로운 해법을 제시하고 있다.

일본은 지역분산형 에너지 공급 구조와 함께 바다에서 전기의 길을 찾았다. 해저 HVDC 케이블로 홋카이도의 바람과 규슈의 태양을 도시로 보내며 섬과 섬을 잇는 해상 전력망을 구축했다. 이는 전력 불균형을 초래할 수밖에 없는 지리의 한계를 기술로 넘어선 일본식 해답이다.

이처럼 이제 전기의 지도는 도시와 국경을 넘어 다시 그려지고 있다. 에너지의 연결이 곧 경쟁력이고, 흐름이 곧 생명이 되는 시대가 도래했다. 전기는 발전소에서 생산되는 것만으로는 충분하지 않다. 전기는 전력망을 통해 에너지가 필요한 곳으로 흐를 때만 존재한다. 그리고 그 길 위에서는 전기뿐만 아니라 우리의 미래도 함께 흘러가게 되어 있다.

테넷
TenneT

테넷TenneT은 네덜란드 정부가 100% 지분을 보유한 국영 송전망 운영 회사로, 유럽 전력 통합의 핵심 축을 담당하고 있다. 본사는 네덜란드 아른헴에 있으며, 독일 바이로이트에도 주요 사업 거점을 두고 있다. 테넷은 유럽 전체에 약 7,400명의 임직원을 보유하고 있으며, 2024년 기준 매출은 약 100억 유로, 관리 자산 규모는 400억 유로를 넘어선다.

테넷은 네덜란드 전역의 전력망(전력 공급의 약 98%)과 독일 북부와 동부 지역의 초고압 송전망을 운영하며, 총 25,000km 이상의 송전선을 관리하고 있다. 테넷은 국영 기업으로서 공공 소유를 유지하면서도 공공성과 상업적 효율성을 조화롭게 결합한 모델로 평가받는다. 또한 테넷은 유럽이 추진하는 북해 슈퍼그리드의 중심에 있다. 네덜란드, 독일, 덴마크, 영국을 잇는 해상풍력 전력망의 허브를 구축하고 있으며, 2030년까지 해상풍

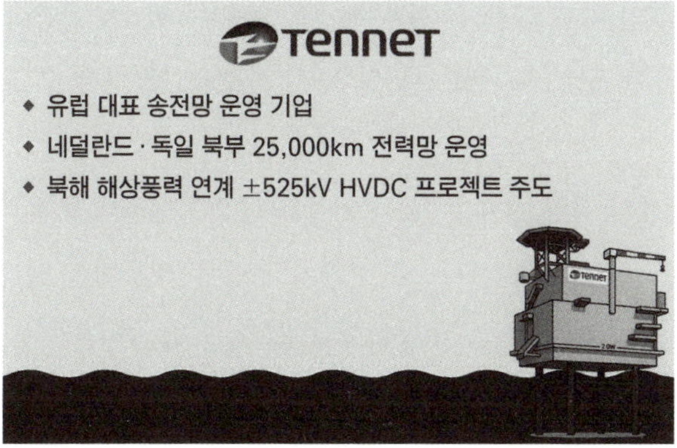

[그림47] 테넷

력에서 생산되는 40GW 이상의 전력을 육지 계통과 연결하는 계획을 추진 중이다.

이 회사는 특히 해상 변전소 분야에서 세계적인 경쟁력을 보유한다. 테넷이 주도한 돌윈DolWin, 보윈BorWin, 실윈SylWin 프로젝트는 북해 해상풍력의 전기를 ±320~525kV급 HVDC 케이블을 통해 육상으로 송전하는 대표 사례다. 이 노선들은 히타치 에너지, 지멘스 에너지, 프리스미안 등과의 협력을 통해 구축되었다.

테넷은 또한 유럽의 전력 교류 사업을 선도하고 있다. 네덜란드와 영국을 잇는 브릿네드, 네덜란드와 덴마크가 연결된 코브라 케이블, 독일과 노르웨이 간의 노르드링크 등 굵직한 해저 HVDC 프로젝트에 모두 참여했다. 이러한 연결망은 유럽의 에너지 안보를 강화하고, 재생에너지의 불안정성을 완화하는 데 핵심적인 역할을 한다. 현재 테넷은 2050년 탄소중립망Net Zero Grid을 목표로, 디지털 전력망 관리 시스템, AI 기반 수요 예측 시스템, 수소 연계 그리드 등 차세대 기술 실증에 투자하고 있다.

테넷의 경영 철학은 '공공 이익과 시장 효율성의 조화'다. 네덜란드 정부의 완전한 소유 아래에 운영되지만, 자본 시장에서 채권을 발행해 자금을 조달하고, ESG 채권 및 그린본드 발행 규모만 150억 유로 이상에 달한다. 이러한 구조는 지속가능한 인프라를 구축하는 새로운 공공금융 모델로 평가받는다.

5

시간은 없는데

갈 길은 멀다

Tempora mutantur, nos et mutamur in illis.
(시대가 변하면, 우리도 그 안에서 함께 변한다.)
(중세 라틴 격언)

세계 곳곳에선 지금 전기의 길이 열리고 있다. 유럽은 국경을 넘어 전력을 나누고, 미국은 대륙을 가로지르는 전기 대동맥을 세우며, 중국은 국토 전체를 초고압망으로 묶고 있다. 그러나 그 거대한 흐름 앞에서 우리는 지금 어디에 서 있는 것일까?

지금도 한국의 산과 들에는 태양광 패널이 반짝이고, 바다에는 풍력 터빈이 세워져 있다. 하지만 발전은 늘어난 반면, 전기는 제대로 흐르지 않는다. 그 이유는 단순히 길이 좁기 때문이다. 전선을 놓는 속도가 발전소를 짓는 속도를 따라가지 못하고 있어 송전망이 충분하지 않다.

이 장에서는 한국 전력망의 현실을 정면으로 들여다보려 한다. 전기가 어디에서 막히고, 무엇이 전기의 흐름을 가로막는지, 그리고 우리가 세계의 '전기 고속도로' 경쟁에서 어느 지점에 서 있는지를 점검할 것이다. 길이 보인다면 이제는 망

설일 때가 아니다. 그 길을 내는 것이 우리의 다음 과제다.

| 우리나라 전력망의 현실 |

한국의 전력망은 과거 산업화 시대의 틀 위에 서 있다. 전국이 한국전력공사, 즉 한전에서 뻗어 나가는 하나의 거대한 계통으로 묶여 있어 안정성은 높지만, 그 대신 새로운 에너지 흐름을 받아들이기엔 유연성이 부족하다. 최근 AI 데이터센터, 전기차, 반도체 공장 등 새로운 전기 수요가 폭발적으로 늘어나면서 전력망은 근본적인 변화를 요구받고 있다. 그러나 대형 발전소에서 수도권으로 전기를 보내는 기존의 중앙집중식 구조가 재생에너지 시대로 향하려는 발목을 잡고 있는 것이다.

2023년을 기준으로 한전의 송전선은 총 35,600C-km[1]이다. 그러나 이 중 765kV급 초고압 송전선은 전체의 약 3%도 되지 않는다. 전력망의 대부분이 과거 산업 단지를 중심으로 한 154kV급, 345kV급 교류망으로 짜여 있는데, 이러한 구조

1 전력망에서 'C-km'는 회선 킬로미터Circuit-kilometer를 의미하며, 이는 전력 선로의 실제 물리적인 길이(루트 길이)에 회선 수를 곱한 값을 말한다. 예를 들어 1km 길이의 철탑 구간에 2회선이 설치되어 있다면, 이 선로의 길이는 2C-km가 된다.

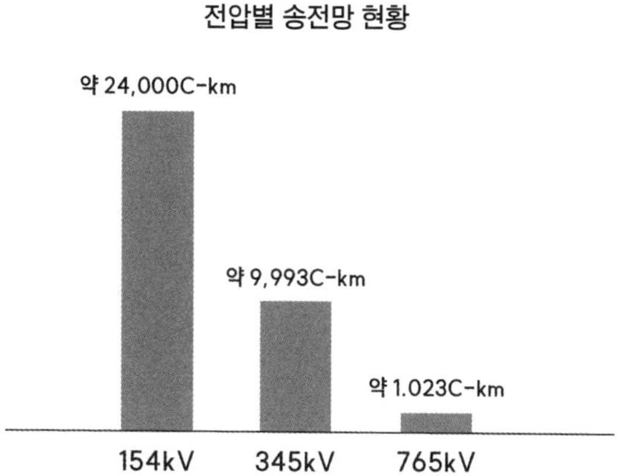

[그림48] **전압별 송전망 현황** (출처: 한국전력공사)

는 지금처럼 생산지와 수요지가 멀리 떨어져 있는 시대에는 한계에 다다르고 있다. 전국의 새로운 풍력·태양광 전기를 흘려보내기엔 길이 좁은 것이다. 그 결과로 한쪽에서는 전기가 넘치고 다른 한쪽에서는 전기가 부족한 현상이 발생한다.

국내 전력 수요의 40%가 수도권에 몰려 있지만, 이 부근에 송전선을 새롭게 설치할 여유는 거의 없다. 데이터센터와 반도체 공장은 한전의 수전 허가를 기다리며 멈춰 서 있고, 이미 허가를 받은 곳들도 공급 시점을 늦추고 있다. 대표적으로 경기도 김포시의 대형 데이터센터 개발 사업은 2024년 건축·전력 인입 승인이 지연된 것과 더불어 주민들의 반대가 겹치면서 현재 착공이 중단된 상태이다. 또한 수도권에서만 20GW에 가까운 데이터센터 전력 신청이 몰렸지만 그중

상당수가 전력 수용성 부족으로 연결 시점이 미뤄지고 있다.

반도체 분야에서도 상황은 유사하다. 용인 반도체 클러스터를 비롯해 주요한 신규 공급 라인들은 송전선로 및 변전 설비 확충이 계획보다 늦어지면서 전력 공급 시점을 확정하지 못한 사례가 잇따르고 있으며, 이러한 현상은 일부 장비의 반입 일정에까지 영향을 끼치고 있다는 지적이 나온다. 이러한 사례들은 현재 우리의 전력망의 용량과 그 확장 속도가 현재의 산업 수요를 따라가지 못하고 있음을 보여 준다.

반면 충남, 전북, 강원 남부 같은 수도권 외 지역은 사정이 정반대다. 태양광과 풍력 발전소는 늘어났지만 전력을 실어 나를 송전망이 부족하다. 이미 연결된 전력 계통이 포화 상태라 더 이상 전기를 보낼 수 없기에 현재 상황에서 남은 방법은 발전소의 출력을 줄이거나 멈추는 것뿐이다. 실제로 한전은 205개 변전소를 접속관리 구역으로 지정해, 발전소의 전력 계통 연결을 제한하고 있다. 이로 인해 900건 이상의 재생에너지 설비가 출력 제한 조치를 받았다. 발전소는 전기를 생산하지만 전선을 이을 수 없어서 전기를 그대로 버리고 있는 것이다.

[그림49] 재생에너지 접속 제한 변전소 현황

이 현상은 특히 제주에서 가장

극명하게 나타난다. 재생에너지 보급률이 가장 높은 지역인 제주는 강한 바람과 햇빛 덕에 많은 전기를 만들어 낸다. 하지만 이를 육지로 보내는 연결선은 단 두 가닥의 해저 케이블뿐이다. 바람이 많은 날이면 섬 안에 전기가 넘치는 바람에 발전소의 출력을 강제로 줄이는 수밖엔 없게 된다. 2023년 제주도에서는 무려 200GWh가 넘는 재생에너지 전기가 계통 과부하로 인해 버려졌다. 재생에너지를 가장 열심히 확대한 지역에서 역설적으로 전기를 가장 많이 버리는 일이 반복되고 있는 것이다.[2]

이 불균형의 근본 원인은 전력망이 여전히 화력·원자력 발전소와 같은 곳에서 안정적으로 출력되는 전기를 기준으로 설계되어 있기 때문이다. 풍력과 태양광을 비롯한 재생에너지는 공급량이 예측 불가능하고, 시시각각 출력량이 바뀐다. 이러한 변동을 흡수할 완충력이 지금의 전력망에는 부족하다. 다시 말해, 지금 우리에게 부족한 것은 전기가 아니라 전기를 흘려보낼 유연한 통로인 것이다.

결국 새로운 길을 마련하는 일이 필요하다. 전기를 더 많

---

2 제주-육지 연계선 1, 2단계(1998, 2013)는 단방향 송전으로 설계되어 있고, 송전 용량도 제한적이어서 재생에너지 확대 이후에 발생한 전력 수급 변동을 완전히 흡수하기에는 한계가 있다. 2024년에 완공된 제3연계선은 양방향 HVDC(VSC) 송전망으로, 기술 수준은 높아졌지만 전남 완도 측 육상 송전망의 용량이 크지 않아 제주-육지 간 실질 송전 여력에는 여전히 제약이 존재한다.

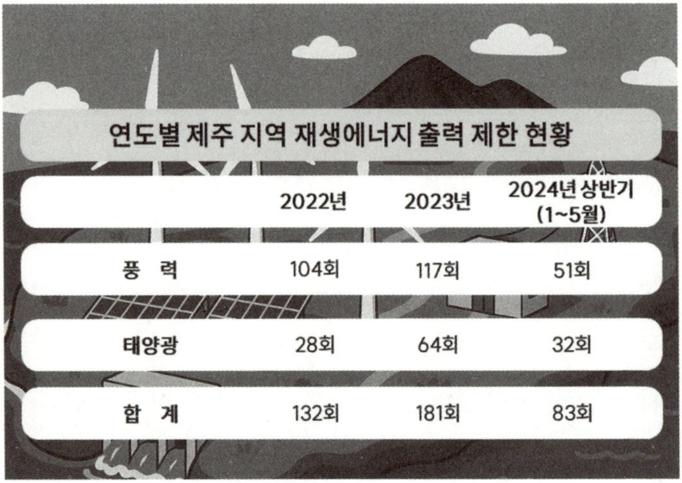

연도별 제주 지역 재생에너지 출력 제한 현황

	2022년	2023년	2024년 상반기 (1~5월)
풍 력	104회	117회	51회
태양광	28회	64회	32회
합 계	132회	181회	83회

[그림50] **연도별 제주 지역 출력 제한 현황** (출처: 한국전력공사)

이 만드는 것보다 그 전기가 자유롭게 오가고 머물 수 있는 유연한 전력망, 즉 '전기의 길'을 다시 설계하는 일이 시급하다. 흐름이 막히면 에너지도 멈춘다. 지금 한국의 전력망은 그 막힘 앞에 서 있다.

| EP 프로젝트: 동해안과 수도권을 잇는 초고압 전기 고속도로 |

전기의 길을 여는 일은 언제나 험난하다. 송전망은 단순한 기술 설비가 아니라, 땅 위의 갈등이 얽힌 사회적 인프라이기 때문이다. 전선을 어디로, 어떻게 통과시킬 것인가는 때로 기술의 문제가 아니라 사람의 문제로 바뀐다.

동해안이 그 상징적인 사례다. 신한울 원전과 강릉·삼척의 여러 발전소들이 밀집한 이 지역은 앞으로 수십 년간 한국의 핵심 전력 공급지가 될 것으로 전망된다. 그러나 이 지역이 당면한 문제는 바로 전기를 수도권으로 보낼 방법이 없다는 것이다.

그 해답으로 제시된 것이 바로 EP 프로젝트Eastern Power HVDC Transmission다. 이 프로젝트는 울진의 신한울 원전에서 경기도 신가평까지 265km 구간을 500kV, 8GW급 HVDC 송전망으로 연결해 동해안과 수도권을 직결하는 전기 고속도로를 구축하려는 계획이다. 이는 원전 6기에서 생산되는 전력을 동시에 실어 나를 수 있는 규모를 지닌 한국형 HVDC 산업의 상징이기도 하다.

하지만 길을 내는 일은 생각보다 쉽지 않다. 송전망을 설치하는 일은 여러 이해관계자들의 입장이 얽힌 사회적 문제이기 때문이다. 주민 반대와 인허가 지연으로 인해 애초 2026년이 목표였던 완공 시점은 2029년 이후로 미뤄졌다. 고압선이 지나가면 건강에 해롭다는 우려와 우리 땅 위로는 전선을 못

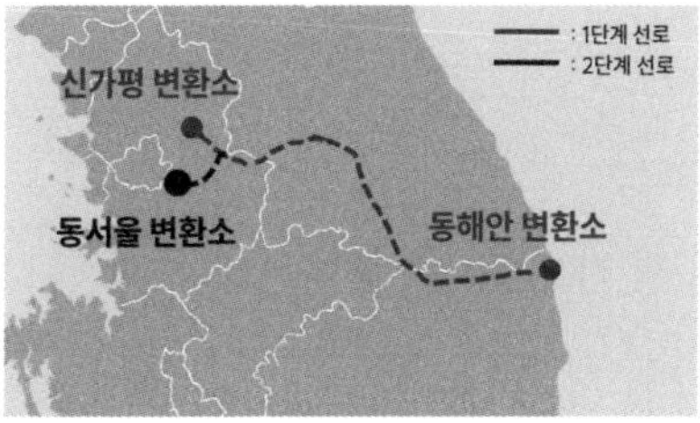

[그림51] 동해안 EP 프로젝트 노선도

세운다는 지역 갈등이 겹친 탓이다. 송전탑 노선 하나를 확정하는 데만 수년이 걸리고, 보상 문제와 지방자치단체의 승인 절차가 엇갈리면서 일정은 계속 늦춰지고 있다.

이런 상황은 비단 EP 프로젝트만의 문제가 아니다. 새만금에서 전북 부안, 익산을 거쳐 내륙 계통으로 전력을 연결하는 송전선도 비슷한 이유에서 공사가 지연되고 있다. 풍력단지가 아무리 늘어도 전선을 어떻게 통과시킬지 결정하지 못하면 완공 후에도 전기를 흘려보낼 수가 없다. 제주 역시 해상풍력 전력을 육지로 보내는 해저 연계선의 추가 구축이 주민 수용성 문제로 수년째 표류 중이다.

결국 전력망 건설의 최대 난관은 기술이 아니라 사회적 합의다. 송전선은 국가 수준의 인프라지만, 지나가는 땅은 지역 주민의 일상이다. 발전소보다 송전망이 늦어지는 배경에는 누구의 전기가 누구의 땅을 통과할 것인가라는 질문이 놓여 있다. 전기의 흐름을 막는 것은 기술의 한계가 아니다. 길을 내려는 사람과 그 길 위에 사는 사람들 사이의 거리, 바로 그 간극이 진짜 장벽이다.

ㅣ 정부는 뭐 하고 있나? ㅣ

길을 잇는 일은 언제나 기술의 문제가 아니라 의지의 문제

[그림52] 해상풍력을 연결할 그리드는 갖춰져 있는가?

다. 태양광은 이미 산 위에, 풍력은 바다 위에 존재한다. 그러나 그들이 만든 전기는 아직 제 갈 길을 찾지 못했다. 전기를 더 만드는 일보다 그 전기가 흘러갈 길을 여는 일이 더 어렵다는 사실을 정부는 뒤늦게 깨닫기 시작했다.

발 빠른 발전소 vs. 느린 전력망

발전소를 건설하는 일 자체는 빠르게 진행된다. 태양광·풍력 단지는 착공에서 준공까지 보통 1~3년이면 가능하다. 반면 송전선 하나를 새로 놓으려면 주민 협의와 환경영향평가, 지자체 승인 절차를 모두 거쳐야 하기에 거의 10년에 가까운 세월이 걸린다. 이러한 간극은 풍차는 돌고 있는데 전선은 아직 길을 찾지 못하는 현상이 곳곳에서 반복되는 데에 영향을 미친다.

이제 정부는 전력망 문제를 에너지 전환의 최대 장애물로 바라보기 시작했다. 2025년 2월, 전 산업통상자원부(현재는 기후에너지환경부에서 관련 업무를 담당한다)는 향후 15년간 적용될 '제11차 전력수급기본계획'(2024~2038)을 발표하며, 전력망 문제를 공식적으로 에너지 전환의 핵심 난제로 규정했다. 이 계획은 탄소중립, 전기화 확대, 에너지 안보, 경제 성장이라는 네 개의 축을 기반으로, 국가 전력망을 전기 고속도로 수준으로 재설계하기 위한 제도적 기반을 포함하고 있다. 즉, 단순한 전력 공급 계획이 아니라 앞으로의 송전·변전 인프라를 재정비하기 위한 국가 전략이 제시된 것이다.

이 새로운 계획에서 특히 강조된 사항은 전력망을 확충하는 것이 발전으로 전력을 생산하는 것보다 훨씬 시간이 오래 걸린다는 점이다. 예컨대 345kV 송전망을 새로 놓으려면 9~13년, 해저·지중 HVDC 기간망은 그보다 더 긴 시간이 필요하다. 반면 그러는 중에도 재생에너지의 설비는 3~4배 속도로 증가한다. 정부는 이 격차를 좁히지 않으면 재생에너지 확대도, 산업 전력 공급도 모두 병목에 갇힐 수밖에 없다는 결론에 도달했다.

이러한 문제의식 속에서 정부는 2025년 봄, '국가기간 전력망 확충 특별법'을 제정하며 송전·변전망을 적기에 공급하기 위한 법과 제도 개편, 절차 간소화, 허가 체계 정비, 공공 갈등 관리 방식 개선 등을 새롭게 제시했다. 이는 발전을 먼저 시작한 다음 전선을 잇는 방식으로는 더 이상 지속 가능한 에너지 시스템을 만들 수 없다는 인식이 명확해진 결과로 보인다.

결국 전력망은 에너지 전환을 위한 전략의 출발점이자 가장 중요한 조건으로 다시 정의되고 있다. 전력 불균형의 문제를 정부가 커다란 장애물로 인식했을 뿐만 아니라 그를 해결하기 위한 방책들을 제시한다는 점에서 한국은 에너지 전환의 시대에 한 발짝 더 가까이 다가간 셈이다.

법으로 길을 내겠다, '국가기간 전력망 확충 특별법'

2025년에 신설된 '국가기간 전력망 확충 특별법'은 말하자면 전기의 길을 여는 첫 번째 법적 시도다. 그동안 송전망은 필요하긴 하지만 반갑지는 않은 존재로 취급되었다. 전선이 지나가는 땅마다 주민들의 반대가 이어졌고, 노선 하나를 확정하는 데도 수년이 걸리기 마련이었다. 이제 정부는 그 과정을 바꾸려는 시도를 하고 있다. 이 특별법은 송전망 건설의 인허가 절차를 병렬화하고, 관계 부처의 협의를 통합하며, 주민들에게 제공하는 보상을 확대하는 내용을 담고 있다.

이 특별법 덕분에 송전선이 지나가는 지역에는 전기 요금

감면, 지역 개발 기금 설치, 전력 관련 일자리 우선 배정 같은 제도적 혜택이 주어지게 되었다. 이제 전선은 설치 지역과 이익을 나누는 공공 인프라로 전환되고 있는 참이다. 또한 정부는 이 법을 통해 송전망 허가 절차를 단축하여 송전망 구축 기간을 절반으로 줄이는 것을 목표로 잡았다. 하지만 법이 생겼다고 길이 바로 열리는 건 아니다. 여전히 그 길 위에는 사람과 땅, 그리고 시간의 갈등이 남아 있다.

발전에서 송전으로 계획의 중심을 옮기다

앞서 등장했던 '제11차 전력수급기본계획'은 '국가기간 전력망 확충 특별법' 제정보다 먼저 발표되었다. 그리고 이 계획의 중심에는 발전소가 아니라, 전기 고속도로가 있었다. 이제 전력망이 국가 에너지 전략의 전면에 떠오른 것이다.

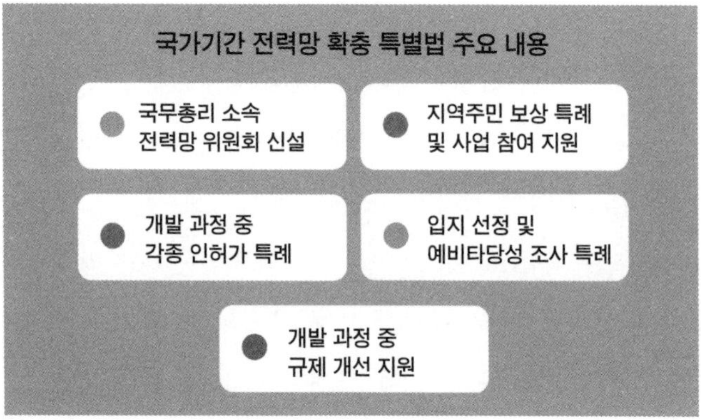

[그림53] '국가기간 전력망 확충 특별법'의 주요 내용

정부는 이 계획을 네 개의 기둥 위에 세웠다. 바로 탄소중립, 전기화 확대, 에너지 안보, 그리고 경제 성장이다. 그리고 이 계획은 전기를 얼마나 만들지에 대한 내용보다 그 전기를 어떻게 안정적으로 보낼 것인지에 대한 내용을 중점적으로 다루고 있다는 점에서 두드러진다.

정부는 이 계획에서 서해와 제주, 그리고 동해를 세 축으로 HVDC 기반 국가 전력 백본backbone을 구축하는 청사진을 제시했다. 그중에서 가장 주목받는 사업은 서해안의 HVDC 기간망이다. 이 사업은 2038년까지 신안과 전북 등 서해의 해상풍력 단지에서 수도권까지 620km의 해저 케이블을 설치해 국가 최초의 해상풍력 전력 직송 노선들을 만들 예정이다. 이 노선은 풍력의 길이자, 수도권 전력 안정의 생명선이 될 것으로 보인다.

남쪽의 제주 3연계선은 2025년에 완공되었다. 국내에선 처음으로 적용된 전압형 HVDC 기술을 통해 제주도의 잉여 전기를 육지로 보내고, 전력 품질을 안정화하는 새로운 통로를 마련하고 있다.

동쪽에서는 EP 프로젝트의 속도를 높이는 중이다. 그동안 주민 반대와 인허가 지연으로 멈춰 있었던 공정에 정부가 직접 나서기로 한 덕분이다. 절차를 단축하고, 지역 상생 보상 모델을 도입하며, 2029년 이후로 미뤄졌던 완공 일정을 앞당기려고 한다. 동해안의 바람과 원자력, 화력의 전기를 수도

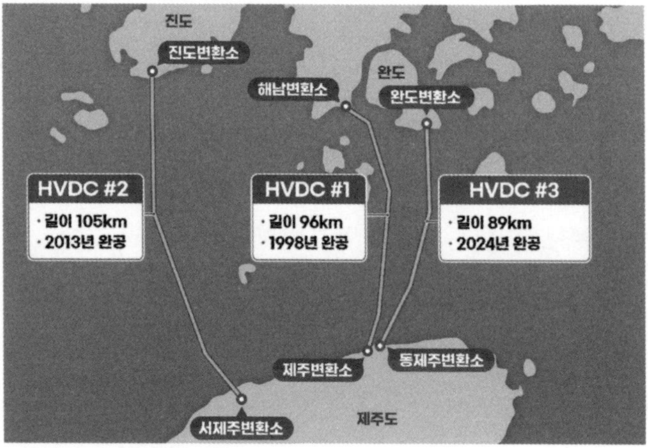

[그림54] 제주-육지간 해상 그리드

권으로 연결하는 이 노선은 앞으로 더욱 속도를 내어 발전될 예정이다.

이뿐만 아니라 수도권과 충청권에만 70개 이상의 고압 송전선이 새로 놓이고, 전국적으로 300개 이상의 변전소가 증설될 전망이다. 용인, 구미, 새만금 등 12개 첨단 산업 단지에는 맞춤형 송전·변전 인프라가 함께 구축될 것으로 보이며, 특히 용인 반도체 클러스터에는 최대 10GW급 전력 공급 능력이 확보될 계획이다.

이제 송전망은 전력 산업의 핵심 경쟁력으로 인식되고 있다. 전력이 곧 생산력과 직결되는 시대에 전선을 얼마나 빠르게 연결하는지는 이제 기업과 국가의 성장 조건이 될 것이다.

| 결국 중요한 것은 함께 잇는 것이다 |

사실 지도 위에 전선을 그리기 전에 정부가 가장 먼저 마주하는 것은 다름 아닌 사람들의 마음이다. 전선이 지나가는 땅마다 "왜 하필 우리 마을이냐?"라고 외치는 목소리가 터져 나오고, 변전소 설치 예정지에서 열리는 주민설명회는 시끄러운 토론장이 된다. 원활하게 전기의 길을 내기 위해선 기술보다 설득이, 철탑보다 신뢰가 먼저 세워져야 한다.

정부는 이 갈등을 국가 제도 속으로 끌어들이기 시작했다. '지역 상생형 전력망 모델'이 그 첫 시도다. 송전선이 지나가는 지역에 신재생 발전 수익의 일부를 나눌 뿐만 아니라, 전기요금 감면과 지역개발 기금을 함께 묶은 정책을 선보였다. 단순히 돈으로 달래는 방식이라기보다는 전기를 함께 쓰고 함께 나누는 새로운 사회 계약의 형태라고 할 수 있다.

국가의 혈관이라고 할 수 있는 송전선이지만, 동시에 이 송전선이 한 개인의 집 앞을 지나게 되는 만큼 그 길을 내는 일은 여전히 쉽지 않다. 철탑이 세워지면 전기는 흐르지만, 반대로 사람들의 마음은 멈추게 될 수도 있다. 그 거리를 좁히지 못한다면 어떤 기술도 완성될 수 없게 된다. 이 지점에서도 우리에게 필요한 것은 결국 얼마나 빨리 짓는지가 아니라 어떻게 함께 연결하는지라고 볼 수 있다. '전기 고속도로'는 산업의 길이고, 경제의 길이며, 미래 세대가 걸어갈 문명의 길이다. 그 길 위에서 결국 중요한 것은 함께 잇는 것이다.

LS전선과 LS일렉트릭

LS그룹의 LS전선과 LS일렉트릭을 이야기하지 않고는 한국의 전력 인프라 산업을 설명할 수 없다. 이름에서 보여지는 것처럼 하나는 '전선'을 만들고, 다른 하나는 '전기를 제어하는 기술'을 만든다. 이처럼 두 회사는 역할은 다르지만, 우리나라의 전기 고속도로를 세계 수준으로 끌어올리는 목표를 향해 함께 나아가고 있다.

LS전선은 한국을 대표하는 전력·통신 케이블 제조 기업이며, 아시아 최고 수준의 HVDC 해저 케이블 기술을 보유한 기업이다. 2024년 기준 매출 7조 5천억 원, 전 세계 30여 개국에 50개 이상의 거점을 운영하는 글로벌 전선 리더라고 할 수 있다.

1970년대부터 전력 케이블을 개발하며 성장해 온 LS전선은 2013년 국내 최초로 500kV급 HVDC 해저 케이블 개발에 성공했고, 이후 절연체, 전도체, 보호층 등 핵심 소재 기술을 완전 내

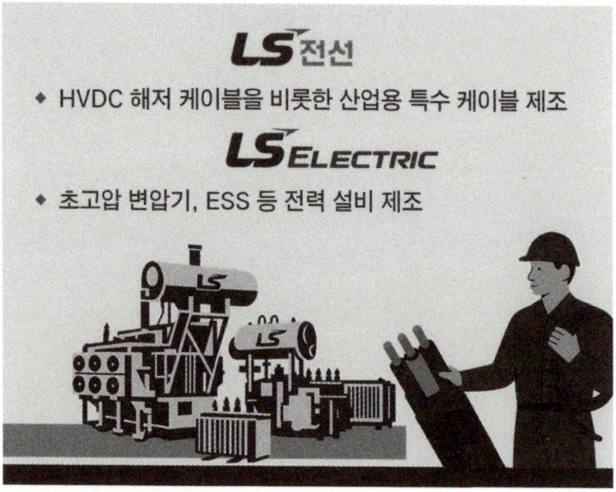

[그림55] LS전선과 LS마린솔루션

재화했다. 한국 기업 중 현재까지 유일하게 500kV HVDC 케이블을 양산할 수 있는 역량을 가지고 있는 기업이다.

해저 케이블을 만드는 일은 기술 집약적 산업이다. 깊은 바다에서 조류, 수압, 지형 변화에 흔들림 없이 수십 년 동안 전기를 흐르게 하는 케이블을 만들어 내야 한다. 제주 3연계선, 동해안–신가평 EP 프로젝트 등 한국 주요 HVDC 사업의 핵심 자재는 대부분 LS전선에서 나온다. 특히 LS전선의 강원도 동해에 위치한 해저 케이블 전용 공장은 500kV급 HVDC 해저 케이블 생산을 위한 국가 전략 거점으로 지정되었으며, 수백 km 단위의 케이블을 생산하고 시험할 수 있는 세계적인 규모의 설비를 갖추고 있다.

2023년 LS전선은 KT서브마린을 인수해 LS마린솔루션을 출범시키며, 단순한 제조 기업을 넘어 해저 송전 EPC Engineering-Procurement-Construction(설계-조달-시공) 기업으로 확장했다. 전용 케이블 포설선과 AI 기반 해저 매핑 기술을 갖추면서 LS전선은 설계, 제조, 설치, 유지 및 보수를 모두 수행하는 해저 송전 통합 기업으로 거듭났다.

LS일렉트릭은 1974년 럭키포장으로 출발해, 2005년 LS그룹의 독립 이후 LS산전, 2020년부터는 LS일렉트릭으로 사명을 바꾼 대한민국의 대표 전력·자동화 솔루션 기업이다. 본사는 안양에 있으며, 충북 청주·천안, 경남 창원 등지에 생산 기지를 두고 있다. 2024년 기준 매출은 약 3조 2천억 원이며, 임직원은 3,000명 수준이다. LS일렉트릭은 국내는 물론 베트남, 중국, 인도, 독일 등 세계 20여 개국에 거점을 두고 글로벌 시장을 공략하고 있다.

LS일렉트릭의 주력 제품은 변압기, 차단기, 계측기 등의 전력기기을 비롯해 자동화·스마트팩토리 솔루션, 에너지 저장 시스템, 전력 반도체, 신재생 연계형 전력 제어장치 등이다. 특히 HVDC 시스템의 두뇌에 해당하는 변환 설비 기술은 LS일렉트릭의 핵심 역량 중 하나로 손꼽힌다.

LS일렉트릭은 미국 GE 버노바와 협력해 국내 최초로 525kV급 전압형 HVDC 변환 설비를 개발 중이며, 한국형 해상 전력망(U-그리드) 구축을 위한 기술 내재화에 속도를 내고 있다.

이처럼 해저 케이블, 변환 설비, 전력 제어 기술을 모두 갖춘

LS그룹은 한국형 전기 고속도로 구축의 핵심 축이자, 향후 아시아 해저 전력망 시장을 이끌 잠재적 리더다. LS전선이 길을 만들고 LS일렉트릭이 그 길 위의 흐름을 조율할 때, 한국은 단순한 전력 수요국을 넘어 전력망 기술을 수출하는 국가로 거듭날 수 있을 것으로 전망된다.

6

바람 많은 서해부터 시작하자

혼란의 시대에 가장 큰 위험은 혼란이 아니라,
어제의 논리로 행동하는 것이다.

(피터 드러커, 미국의 경영학자)

ㅇ

전기의 길을 놓는다는 것은 한 나라의 에너지 구조를 다시 설계하고, 산업의 지도를 다시 그리는 일이다. 앞선 장들에서 우리는 전기 고속도로가 에너지 전환의 핵심임을 확인했다. 동해안의 원전에서 수도권을 향해 전기가 오직 한 방향으로만 흐르던 시대는 지나갔다. 이제는 서해에서 부는 바람과 남해를 비추는 태양도 수도권의 데이터센터를 밝힌다. 문제는 이 에너지의 흐름이 서로 이어지지 못한다는 것이다.

정부는 '제11차 전력수급기본계획'과 '장기 송변전설비계획'을 통해 균형 잡힌 전력 인프라 구축을 선언했지만 그 균형은 아직 지도 위에서만 존재한다. 실제의 전력망은 여전히 산업화 시대의 좌표에 묶여 있기만 하다.

이 장에서는 전기 고속도로의 우선순위와 핵심 구간을 짚을 것이다. 어디를 먼저 연결해야 국가 전체의 전력 균형이 살아나는지, 어떤 기술과 제도적 기반이 병행되어야 하는지를 구체적으로 살펴볼 예정이다. 서해의 바람, 동해의 원전, 그리고 제주의 바다를 통해 만들어진 전기를 하나로 잇는 새로운 길은 과연 어떤 모습이어야 하는가?

| 서해안, 새로운 전력 지도의 시작점 |

전기 고속도로의 첫 출발점은 서해안이어야 한다. 그 이유는 지금 대한민국 전력망의 병목 현상이 동쪽에서 서쪽으로 이동할 때 발생하기 때문이다. 이미 한국의 재생에너지 중심은 서해안으로 옮겨 갔다. 새만금의 태양광, 신안의 해상풍력,

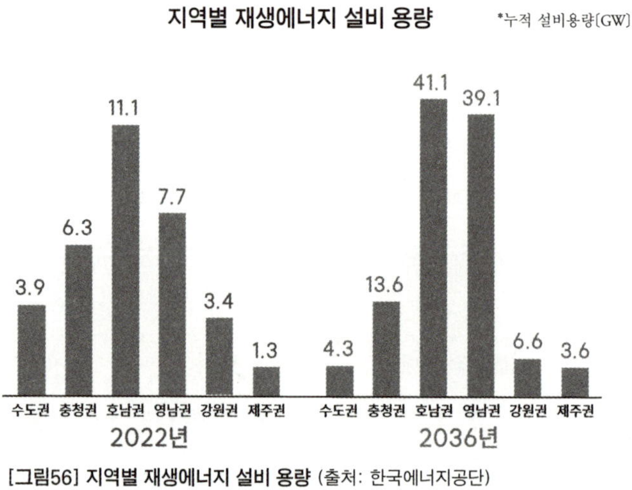

[그림56] 지역별 재생에너지 설비 용량 (출처: 한국에너지공단)

태안의 태양광·해상풍력 복합 단지, 그리고 보령과 서천의 해안 송전 거점이 그 축을 이루고 있다. 2023년 기준 전북·전남·충남 지역은 전국 재생에너지 설비 용량의 절반 이상을 차지하며, 2036년에는 전체의 74%가 이 지역에 몰릴 것으로 예상된다.

하지만 전기가 흐르는 길은 여전히 동쪽을 중심으로 설계된 길이 대부분이다. 남서부의 전력은 수도권으로 흘러가지 못하고 있으며, 이 지역의 해상풍력 단지의 전기는 계통 포화로 끊기고 있다. 심지어 이미 일부 지역에서는 출력 제한이 일상이기도 하다.

남부 지역과 수도권을 잇는 초고압 송전선인 신옥천-세종 송전선로(3.8GW급)와 청양-신탕정 송전선로(4GW급) 등 대표적인 육지 대大송전 노선이 존재한다. 하지만 이들 노선 모두 주로 육지에서 육지로의 단방향 연결이며, 해상풍력이나 남·서해안의 풍력·태양광 단지와 직접 연결된 대용량 해저·지중 HVDC 선로는 아직도 본격적으로 구축되지 않은 상태다.

전력거래소에 따르면 전북 내의 송배전망 수용 여유량 조사에서 신창·신제·신원·신수·신읍 등의 변전소 권역이 '부족' 단계에 있으며, 이 지표는 해당 권역에 추가적인 재생에너지 설비를 연결하더라도 계통 수용성이 낮아 전력 공급에 어려움을 겪을 것이라는 사실을 보여 준다.

2025년 상반기에만 호남권 태양광 발전소의 출력 제한이 44일에 달했다는 보도[1]도 찾아볼 수 있다. 전력망 포화를 해소하기 위해 2024년 5월 호남권 내 205개 변전소 중 164개가 신규 발전 사업 허가가 중단되고 발전 설비 접속이 제한되는 계통관리변전소로 지정된 상태다. 이처럼 남서부의 전력 단지에서 생산되는 많은 양의 전력이 적절히 유통되지 않아 출력 제한이라는 형태의 손실로 이어지고 있다.

이런 상황은 결국 재생에너지를 버리는 구조로 귀결될 수밖에 없다. 재생에너지 발전 설비는 그 자리에 있지만, 전력을 먼 수요지로 보내는 송전선이 부족하거나 지연되었기 때문에 생산된 전기가 계통에 흡수되지 못하거나 발전사업자가 출력 제한을 겪고 있는 실황이다. 송전선 구축을 위한 계통 수요 및 허가 절차, 주민 수용성 장애 등이 복합적인 장애물로 작용하면서 남서부 생산지에서 대도시 수요지로의 전력 흐름이 막혀 있는 상태다.

따라서 남서부 권역의 해상풍력·태양광으로 생산된 전력을 실질적인 수요 지역으로 연결하려면 단순히 생산 설비를 확대하는 것만으로는 부족하며, 대용량 해저 HVDC 송전망

1 2025년 9월 23일자 뉴스웍스 보도에 따르면, 전남 태양광 출력 제한 일수는 2017년 0일에서 2023년 2일, 2024년 26일, 2025년 상반기 44일로 급증했다고 한다. (김영환, "'에너지 공급 포화' 호남…태양광 출력제한, 상반기만 '44일'", 뉴스웍스, 2025년 9월 23일. https://www.newsworks.co.kr/news/articleView.html?idxno=812176)

을 계획하고 실행하는 것이 긴급한 과제로 부상된다. 이렇듯 전력의 흐름을 다시 짜기 위한 첫 번째 열쇠가 바로 앞에서도 살펴본 서해안 HVDC 기간망이다. 2025년 5월 확정된 정부의 '제11차 장기 송변전설비계획'[2]은 새만금-서화성 구간의 HVDC망을 2031년까지 완공하겠다는 목표[3]를 밝혔다. 이는 서해안 전기 고속도로의 첫 번째 선이자, 국가 전력망의 방향을 바꾸는 신호탄이 된다.

이 망은 525kV급 전압형 HVDC 방식으로 설계되며 한 번에 2GW, 즉 중형 원전 2기가 생산하는 만큼의 전력을 보낼 수 있다. 이는 현재 유럽에서 국제 표준으로 자리 잡은 방식으로, 향후 타 구간과의 연계성이나 설비 호환성을 생각하면 효율적이라고 평가할 수 있다. 전압형 HVDC는 기존 전류형보다 전력 품질과 제어 능력이 높으며, 특히 해상풍력 발전처럼 출력이 불안정할 수 있는 조건에서도 전력 손실을 최소화하고 정밀한 제어가 가능하다. 이 기술은 '풍력-전송-소비'라는 새로운 전력 생태계를 묶는 디지털 제어망이 될 전망이다.

---

2 '장기 송변전설비계획'이란 미래 15년 동안의 전력 수요 증가, 에너지원 변화(원전, 재생에너지 등), 국가 에너지 안보에 대응하기 위해 필요한 송전선로와 변전소를 어떻게 건설하고 보강할지 구체적인 실행 방안을 담은 중장기 계획이다. 이 계획은 보통 2년마다 수립되며, '전력수급기본계획'의 후속으로 발표된다. 2025년 5월 '제11차 장기 송변전설비계획'이 발표되었다.

3 이재명 정부가 들어서고 새만금-서화성 구간의 완공 목표 시기는 2030년으로 이전보다 1년 앞당겨졌다.

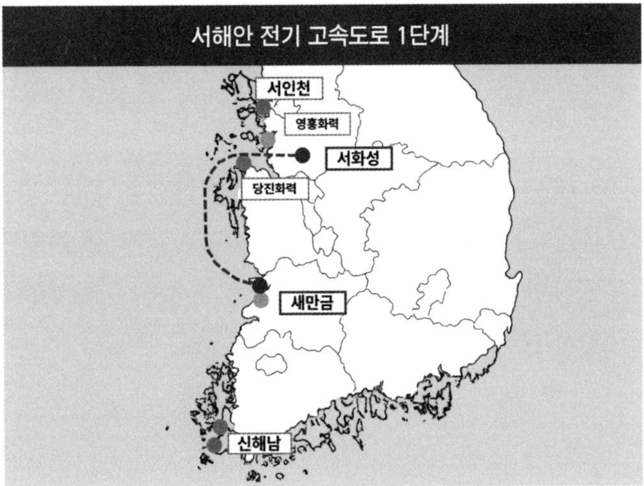

[그림57] 서해안 전기 고속도로 1단계 (출처: 구 산업통상자원부)

새만금-서화성 구간에 더해서, 전남 해남 인근의 초대형 해상풍력 클러스터에서 충남 당진까지 약 290km를 잇는 구간과 신해남-서인천 구간(약 350km), 새만금-영흥화력 구간(약 210km) 등 서해를 따라 이어지는 전력의 길이 '제11차 장기 송변전설비계획'에 반영되어 있다.

이렇게 서해안 HVDC가 완성되면 이제 전북 새만금의 햇빛이 경기 남부로, 전남 신안의 바람이 수도권 산업 단지로 흐르게 된다. 서해안은 해저 케이블 공사에 유리할뿐더러 수도권과의 거리가 가깝기 때문에 서해안을 통해 전력 계통을 연결한다면 전력 손실이 적어진다. 전기는 이제 내륙이 아니라 바다를 넘어 움직이게 될 것이다.

그러나 계획은 여전히 한 발 뒤처져 있다. '제11차 장기송변전설비계획'이 2038년 완공을 내다보는 사이에도 재생에너지는 이미 현장에서 돌아가고 있기 때문이다. 풍력 타워와 터빈은 세워졌지만, 전기가 흐를 길이 충분히 마련하기 위해서는 아직 갈 길이 멀어 보인다.

| 남해안과 동해안, 확장의 축 |

서해안이 전기 고속도로의 출발점이라면, 남해안과 동해안은 그 확장 가능성을 보여 주는 다음 무대다. 두 지역 모두 해상풍력과 재생에너지 잠재력이 크므로, 균형 잡힌 전력망을 위해서도 반드시 고려해야 할 축이라고 할 수 있다.

전남 고흥·여수에서 경남 통영·거제·남해까지 이어지는 남해안은 수심이 깊고 조류가 빠르며 태풍의 영향을 자주 받는다는 까다로운 조건을 지녔지만, 풍속이 안정적이고 바람의 방향이 일정하며 태양이 강하게 내리쬐기 때문에 해상풍력 발전에 유리한 지역으로 평가된다. 이 바다에는 10GW 이상 규모의 해상풍력 가능성이 열려 있다.

그러나 문제는 전력 수요다. 여수·광양·창원의 산업 단지로는 전력 공급량을 전부 소비하기에는 충분하지 않다. 결국 남해안의 잉여 전기를 수도권으로 보내야 하는데, 두 지역을 해상 HVDC 망으로 연결하기엔 500km 이상의 거리와 막대한 공사 비용이 걸림돌이 된다.

이때 현실적인 해법은 내륙 우회형 HVDC 송전망이다. 예컨대 신해남-광주-대전-세종으로 이어지는 내륙 경로를 따라 남해안의 전력을 수도권에 연결하는 방식이다. 이 노선은 서해안 HVDC 망과 연계할 수도 있으므로, 이를 통해 한국의 전력망은 동-서-남을 잇는 다극 구조로 발전할 가능성을 얻게 된다.

강원도 삼척·영덕·울진 일대에 각종 발전소가 밀집해 있는 동해안은 국가 전력의 원천이기도 하면서 병목의 현장이기도 하다. 이 지역의 원자력과 화력, 그리고 울산의 9GW 해상풍력을 통한 발전은 대한민국 전력 공급의 40%를 책임지고 있다. 그러나 동해안은 산악 지형이 많고 내륙으로 연결되는 통로가 좁다. 바다를 통하면 수도권과의 거리가 멀어질 뿐만 아니라 수심이 깊은 해역이 많아 직접적으로 해상 HVDC 망을 구축하기엔 기술적, 경제적 부담이 큰 지역이다.

그 해답으로 제시된 것이 앞에서 언급한 EP 프로젝트다. 이 프로젝트는 신한울에서 신가평까지 이어지는 265km의 길이를 500kV급, 8GW 용량의 초고압 HVDC 망으로 연결해 동해와 수도권을 직결한다. 이 송전망으로는 원전 6기 분량의 전기를 한 번에 보낼 수 있으며 동해안의 발전 전력을 수도권으로 직접 보낼 수도 있다는 장점이 있다.

그러나 앞 장에서 살펴봤듯이, 현실에서는 지역 주민 반대와 인허가 지연으로 완공 계획이 미뤄졌다. 전력망의 지연은 결국 전력 요금의 인상과 산업 경쟁력 저하로 이어진다. 이 프로젝트는 전기의 길이 기술이 아니라 신뢰와 설득의 문제라는 것을 여실히 보여 준다.

| 제주, 바람이 넘치면 전기는 멈춘다 |

한국 전력망의 네 번째 길은 제주에서부터 시작한다. 제주는 한국 재생에너지의 가장 대표적인 실험장이다. 풍속이 높고 일사량이 풍부한 덕분에 국토의 1% 남짓한 규모의 섬에서는 국내 재생에너지의 10%가 생산된다. 정부는 2030년까지 제주 전력의 70% 이상을 재생에너지로 공급하겠다는 '탄소 없는 섬Carbon Free Island 2030' 구상을 세우기도 했다.

하지만 바람이 강하게 부는 날이면 터빈은 멈출 수밖에 없다. 만들어 낸 전기를 실어 나를 길이 없기 때문이다. 제주는 섬이기에 육지와 전력망이 분리되어 있으며, 현재 세 개 노선의 해저 HVDC 선로가 육지와 연결돼 있다. 풍력과 태양광이 늘어나면서 발전량이 수요를 초과하는 날이 잦아졌고, 결국 한전은 재생에너지 발전기의 출력을 제한하며 전기를 일부러 끄는 일이 반복해야 했다. 2023년 한 해에만

200GWh 이상의 전기가 생산되고도 계통에 실리지 못해 버려졌다.

이 문제를 풀기 위해 정부와 한전이 추진하여 2024년 완공된 제주 3연계선은 완도와 제주 동부를 잇는 150kV급 전압형 HVDC 망으로, 제주의 출력 제한 문제를 크게 완화시켰다. 여기에서 사용된 전압형 HVDC 시스템은 기존의 전류형 HVDC 송전망과 달리 재생에너지의 변동성에 대응할 수 있는 차세대 기술로, 제주 동부의 전력 계통 안정성을 크게 높였다.

그리고 그 다음으로, 2030년 이후에는 전남과 제주를 잇는 4연계선이 논의되고 있다. 이는 ±320kV급, 2GW 규모의 해저 HVDC 망으로, 제주의 전력을 남해와 수도권으로 직송하는 노선이다. 이는 한국형 해상 그리드를 완전한 순환 구조로 만드는 마지막 연결선이 될 것으로 전망된다.

만약 제주-남해-서해를 잇는 '전력 순환형 HVDC 링Ring'이 완성된다면 한국은 세계에서 처음으로 전력이 순환하는 구조를 가진 국가가 된다. 제주-완도-서인천 또는 제주-신해남-서화성 구간으로 이어지는 전력 순환망을 통해 한국은 동-서-남-제주를 하나의 HVDC 링으로 연결하는 전기 고속도로를 갖추게 되는 것이다. 이렇게 되면 특정 지역의 기상 조건이나 발전량에 따라 전력 흐름을 자유롭게 조정할 수 있으므로 계통 유연성과 에너지 안보가 크게 향상되는 효과를 기대할 수 있다.

제주는 이미 전력망 혁신의 최전선이다. 출력 제한, 전압형 HVDC, 에너지 저장 장치, 분산형 전원 등과 관련된 모든 실험이 이 섬에서 시작되고 있으며, 이 경험은 앞으로 한국형 해상 그리드 구축의 기술적, 제도적 기반이 될 것이다. 그러나 우리에게 주어진 수많은 자원이 헛되이 흩어지지 않게 하려면 무엇보다 전기를 육지로 흘려보낼 길이 있어야 한다. 그리고 그 길이 바로 제주-육지 간 제4의 전기 고속도로, 즉 제주에서 시작하는 바다의 전력망이다. 전기가 한 방향으로만 흐르던 시대는 점차 끝나가고 있다. 이제는 필요한 곳으로 유연하게 전기가 순환하며 움직이는 시대가 열리게 될 것이다.

| 전기의 길, 이제 기술에서 사회로 |

기술의 문제에만 국한되지 않는 전력망은 결국 시공간의 전쟁이 된다. 전기를 어떻게 보낼 것인지뿐만 아니라 어디로 보낼 것이며 언제 그 길을 만들 것인지가 중요한 논점으로 제시되기 때문이다. 그리고 이 세 가지 축이 모여 에너지 전환의 속도를 결정한다.

한국의 전력망은 오랫동안 지방의 대형 발전소에서 수도

권으로 이르는 단방향 구조를 따라 왔다. 그러나 재생에너지 시대의 전기는 다르다. 전력의 중심이 한 곳이 아니라 전국 각지로 분산되었으며, 지금 전력 발전의 길은 이미 서해·남해·제주로 이동했다.

하지만 송전망의 축은 여전히 원전 중심의 동해에 머물러 있다. 이러한 기존의 육상 송전망으로는 다른 지역에서 만들어진 전기를 수도권으로 제대로 보낼 수 없으며, 따라서 새로운 해상 전력망의 필요성이 대두되는 것이다. 전력의 길이 바뀌지 않으면 아무리 재생에너지가 늘어나도 전기는 흐르지 못하는 현상이 발생할 수밖에 없다.

그러나 또 다른 문제는 바로 시간이다. 송전선 하나를 세우는 데 10년, 해저 케이블은 15년이 걸린다. 반면 데이터센터는 1년 안에 새롭게 200MW를 요구하고, 풍력 단지는 18개월 만에 완공된다. 발전은 빠르고 송전은 느리다는 것이 현재 우리가 마주한 문제점이다. 수요는 하루가 다르게 커지는데 전기의 길은 그 속도를 따라가지 못하고 있다. 이러한 시간의 불균형이 산업의 발목을 붙잡고 국가의 전환 속도를 늦춘다.

정부가 제시한 서해안 HVDC 기간망, EP 프로젝트, 제주–육지 추가 연계선 구축 등은 모두 논리적으로나 기술적으로나 타당하지만, 이 계획들은 아직 그저 계획 속에만 머물러 있다. 그 길을 땅과 바다에, 그리고 사람들의 마음속에 새기는 일은 아직 시작되지 않았다.

송전망을 건설한다는 것은 기술적인 공사이기 이전에 사회적인 공사가 된다. 전선이 지나가는 마을마다 반발이 일기 마련이고, 정부는 법으로 기업은 수치로 이들을 설득하지만 실제로 전선의 그림자가 드리우는 순간 사람들은 그것을 '길'이 아니라, 삶을 가로막는 '장벽'으로 느끼고 만다.

이 갈등을 풀지 못하면 그 어떤 HVDC 기술도 실제로 작동할 수가 없다. 전기의 길은 결국 사람이 열어야 하는 길이기 때문이다. 이런 의미에서 정부가 진정으로 그려야 할 지도는 다름 아닌 사회적 합의의 지도가 된다. 누가 전기를 쓰고, 누가 그 길을 감내하며, 그 대가는 어떻게 나누어지는지에 대한 답을 내리지 못하면 전력망은 기술적으로는 완성되어도 사회적으로는 미완성인 상태에 머무르게 된다.

따라서 이제는 개발에 대한 법률이나 계획과 함께 사회적 상상력이 요구되는 시기다. 전기를 더 효율적으로 보내는 방법뿐만 아니라 전기를 함께 나누기 위한 새로운 연결이 필요하다. 지역사회가 전력 계통의 일부로 참여하고, 주민이 송전망의 주인이 되는 구조가 구축되어야 하며, 이러한 사회적 상상력 없이는 어떠한 전기 고속도로도 국민의 신뢰를 얻을 수 없다. 결국 에너지 전환은 곧 사회의 흐름을 바꾸는 일이다.

이제 한국의 전력망은 기술의 시대를 지나, 상상의 시대로 들어서야 한다. 그 상상력 위에 설 때, 비로소 전기는 막히지 않고 흐르며 미래는 서로 연결된다.

GE 버노바
GE Vernova

1892년 에디슨이 세운 제너럴 일렉트릭은 전구와 발전기, 변압기 등 전기 문명을 만든 거의 모든 장비 뒤에 있었다고 해도 과언이 아니다. 2024년 4월, GE는 132년의 역사를 지닌 거대한 제국을 세 개의 독립 회사로 나누었다. 항공은 GE 에어로스페이스, 의료기기 제조는 GE 헬스케어로 분리되었고, 발전·송전·재생에너지 부문 또한 새로운 이름으로 독립했다. 그것이 바로 GE 버노바GE Vernova다.

'Verde(녹색)'와 'Nova(새로운 별)'를 합친 이름대로 GE 버노바는 에너지 전환 시대를 이끌 새로운 심장을 표방한다. 발전·송전·그리드 전 분야에 걸쳐 HVDC, 대형 변압기, 가스 터빈, 풍력 발전기 등 전력 산업의 핵심 장비를 다루는 글로벌 기업으로, GE 버노바는 현재 미국 매사추세츠주 케임브리지에 본사를 두고 약 8만 명의 인력을 거느리고 있다. 2024년 기준으로

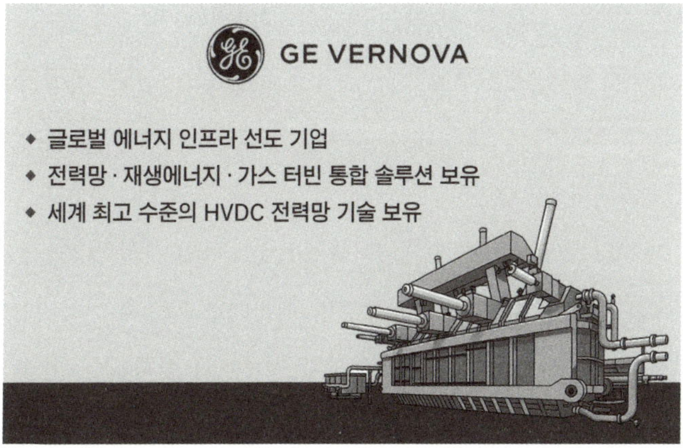

[그림58] GE 버노바

약 330억 달러의 매출을 내는 GE 버노바는 현재 전 세계 100여 개국에서 사업을 운영하고 있다.

이 기업은 크게 세 개의 축 위에 서 있다. 첫 번째 축은 바로 전력이다. 전 세계 7,000기 이상의 가스 터빈이 GE 버노바의 전력 기술로 돌아가고 있으며, 전 세계 발전용 가스 터빈 시장의 절반 이상을 GE 버노바가 차지한다. 또한 HVDC 기술에서도 히타치 에너지, 지멘스 에너지와 함께 세계 3대 기업으로 손꼽힌다.

두 번째 축은 바람이다. GE 버노바는 세계 최대 규모의 해상 풍력 터빈인 할리아드-XHaliade-X를 상용화하며 풍력 산업에서 새로운 해상풍력의 기준을 세웠다. 블레이드 길이 107미터, 출력 14MW에 달하는 이 거대한 터빈은 단일 기기로 약 13,000가구에 전력을 공급할 수 있는 기술을 갖추었다. 현재 프랑스, 영국, 미국 등의 대형 해상풍력 단지에 공급되고 있으며, GE 버노바는 2030년까지 100GW 규모의 풍력 설비를 지원하는 것이 목표다.

마지막 세 번째 축은 디지털이다. GE 버노바의 그리드OS GridOS 플랫폼은 발전소와 변전소, 송전망 데이터를 통합해 인공지능이 실시간으로 전력 흐름을 분석하고 조정하도록 설계됐다. 이 플랫폼은 에너지 저장 장치와 수요 반응DR[4]을 자동으로 제어하며, 변화무쌍한 재생에너지의 출력에도 흔들리지 않고 계통의 균형을 유지하게 한다. GE 버노바는 이 기술을 전력망의 보이지 않는 '지휘자'라고 부른다.

그러나 이 기업의 진정한 강점은 기술력에만 있지 않다. GE 버노바는 각국의 전력 정책과 인프라 전략 속으로 직접 들어가 국가 단위의 에너지 전환을 구현하는 파트너로 자리 잡았다. 영국의 내셔널 그리드와 함께 덴마크와 영국을 잇는 바이킹 연결망 프로젝트의 변환소를 설계하기도 했으며, 미국 서부의 웨스턴 인터타이Western Intertie 프로젝트에서는 사막과 도시를 잇는 HVDC 송전 시스템을 공급하면서 대륙형 전력망 통합의 초석

---

4 수요 반응Demand Response은 전력 사용량이 많은 시간대(피크 시간대)에 전력 소비자들이 전기 사용을 줄이면 그 대가로 보상을 제공하는 제도이다. 전력 수요가 급증하는 여름철이나 겨울철에 정전을 예방하고 전력망을 안정적으로 관리하는 데 기여하며, 전력 공급 회사들은 피크 시간대에 추가로 발전소를 가동하는 데에 드는 비용을 줄일 수 있다.

을 놓았다.

에너지 전환은 기술이 아닌 결단의 문제이며 GE 버노바는 그 결단을 실현시키는 기술을 만드는 것을 목표로 한다. 이렇게 이 기업은 새로운 에너지 시대에 전기 문명의 방향을 제시하는 설계자이자 촉진자 중의 하나로 평가된다.

7

공공이 키를 잡고 시장은 페달을 밟는다

멀리 가려면 함께 가야 한다.
(아프리카 속담)

○

전기의 길을 누가 놓을 것인가? 이 질문은 단순히 송전선을 누가 짓느냐의 문제가 아니다. 그것은 더 나아가 한 나라의 산업 구조, 기술력, 그리고 사회가 신뢰하는 질서를 결정하는 일이 된다.

전력망은 눈에 보이지 않지만 그 길은 국가의 심장을 뛰게 한다. 산업이 성장하고 도시가 빛을 얻는 곳마다 누군가는 그 길을 설계하고 깔고 관리해야 한다. 이 장은 바로 그 '누군가'에 대한, 즉 전력망의 주도권을 둘러싼 이야기다. 이 길을 만드는 일의 중심에 국가가 설 것인가, 시장이 설 것인가, 그것도 아니면 두 주체가 손을 맞잡아 새로운 질서를 만들 것인가와 관련하여 논해 보려 한다.

전력망을 소유하고 운영하는 데 관여하는 주체는 그 방식에 따라 크게 세 가지로 분류할 수 있다. 송전망의 자산을 보유하고 건설 및 유지하는 이들을 TO Transmission Owner(송전 소유자), 전력의 흐름을 실시간으로 제어하며 주파수와 전압을 안정시키는 운영자를 SO System Operator(시스템 운영자), 그리고 이 둘을 통합하여 소유와 운영을 동시에 수행하는 형태를 TSO Transmission System Operator(송전망 운영자)라 부른다.

전력망의 거버넌스는 에너지를 시장재로 볼 것인가, 아니면 공공재로 볼 것인가와 관련된 문제다. 시장 효율성을 중시하는 나라는 TO와 SO를 분리해 서로 간의 경쟁을 유도하고, 국가 안보와 장기 계획을 중시하는 나라는 공공에서 이 역할을 통합하여 관리한다. 그리고 그 사이에서 균형점을 찾으려는 움직임이 바로 민관협력형 TSO 모델이다. 이어서 이 세 가지 체제를 순서대로 짚어 보며 한국이 가야 할 방향에 대해 더욱 자세히 살펴보려 한다.

| 속도와 효율의 모델, 시장이 길을 여는 나라들 |

미국의 전력망은 정부가 직접 짓지 않는다. 연방에너지규제위원회FERC가 규칙을 세우고, 독립 운영 기구인 지역송전조직RTO이나 독립시스템운영자ISO가 계통 운영을 맡는다. 그 안에서 민간 송전 회사가 자본을 조달해 송전망을 건설하고, 이들은 전력 회사에서 장기 사용료를 받아 투자비를 회수한다. 다시 말해, 정부는 시장의 룰을 만들 뿐이고 길을 놓는 것은 다름 아닌 시장이다.

그 대표적인 사례가 플레인즈 앤 이스턴 클린 라인Plains & Eastern Clean Line과 선지아 프로젝트로, 두 사업 모두 민간이 주도해 초장거리 HVDC 망을 완성한 경우다. 이 모델의 핵심은 민간 기업의 속도와 자본력, 그리고 위험 감수 능력이다. 민간 투자자는 송전망을 자신의 자산으로 인식하고, 이들은 발전사와 수요처를 장기 계약으로 묶어 안정적인 수익을 확보하게 된다. 이 구조는 정부 예산에 의존하지 않은 민간의 자율적인 경쟁 속에서 송전 인프라를 확장할 수 있다는 장점을 갖는다.

그러나 이러한 시장 효율성의 반대편에는 공공성의 그늘이 있을 수밖에 없다. 시장 경쟁만으로 운영되는 이 방식으로는 투자의 이윤이 낮은 지역, 즉 농촌·해안·도서 지역의 송전 투자가 소홀해질 가능성이 있다. 또한 여러 민간 사업자가 서로 다른 노선을 추진하면서 중복 투자와 그에 따른 갈등이 발생하기도 한다. 실제로 미국 내에서는 각 주마다 전력 요금과 계통 접근성이 달라, 이로 인해 촉발되는 지역 간 불평등이 에너지 전환의 새로운 장벽이 되고 있다는 비판이 이어지고 있다.

이 공백을 메우기 위해 영국은 시장 중심 모델에서 한 단계 진화한 형태를 선택했다. 영국의 송전망을 오랫동안 지배

했던 민간 기업 내셔널 그리드National Grid는 송전 자산을 소유하는 동시에 전국의 전력 계통을 운영해 왔다. 하지만 이 구조는 점차 한계에 부딪힐 수밖에 없었다. 주주의 이익을 추구하는 상장 기업으로서 민간의 효율성을 중시하면서도, 한편으로는 가장 영향력 있는 송전망 운영자로서 공공의 이익을 위한 계통 안정과 에너지 전환의 책임을 져야 했기 때문이다.

2020년대에 들어서자 영국 정부는 에너지 위기와 재생에너지 급부상 속에서 내셔널 그리드의 중립성이 흔들리고 있음을 우려했다. 민간 기업이 송전망을 소유하면서 계통 운영까지 맡는 구조는 시장 참여자 간의 공정한 경쟁을 저해할 수 있다는 비판도 꾸준히 제기됐다. 특히 전국의 해상풍력 발전소와 분산형 전원이 빠르게 늘면서, 발전, 송전, 운영을 모두 포괄하여 조정할 수 있는 독립 기관의 필요성은 커져만 갔다.

이에 따라 영국 정부는 2024년에 국가에너지시스템운영기관National Energy System Operator, NESO를 신설했다. NESO는 국유 기관으로, 송전 자산은 여전히 내셔널 그리드 등 민간 기업이 소유하지만 송전망의 운영과 조정, 그리고 이를 위한 계획 수립의 기능은 NESO가 맡게 된다. 즉, 소유권은 시장이 가지지만 운영권은 공공에 맡기는 새로운 원칙이 정립된 것이다.

NESO는 국가 차원의 에너지 시스템 설계자이자, '전력망 민주화'의 실험대가 되었다. 영국 정부는 NESO를 통해 지역 간 송전 투자의 우선순위를 조정하고, 재생에너지의 계통 접속을 신속히 승인하며, 송전 용량 경매 제도를 투명하게 운영하고 있다. 이로써 민간의 효율성과 공공의 중립성이 절묘하게 결합된 새로운 거버넌스 모델이 만들어지게 되었다.

이제 영국의 전력망은 시장이 속도를, 그리고 국가가 질서를 담당하는 체계로 진화했다. 시장 중심의 역동성을 잃지 않으면서도, 국가가 최종적인 조율의 역할을 수행할 수 있게 된 것이다. 이 균형이 바로 영국이 '시장과 국가가 각각의 역할을 분명히 하는 나라'로 불리는 이유다.

| 계획과 통제의 질서, 국가가 길을 여는 나라들 |

프랑스의 송전망은 중앙집중형 구조로 되어 있다. 프랑스전력공사EDF의 자회사이자 정부가 과반 지분을 보유한 공기업인 프랑스송전공사RTE가 63kV 이상의 모든 송전선을 단일 관리하고 있기 때문이다. 정부가 세운 다년도 에너지 계획PPE을 바탕으로 RTE는 국가 전력망 로드맵을 설계하는 역할을 맡는다.

특히 해상풍력의 경우에는 민간의 발전 기업이 아니라 RTE가 먼저 움직여 변전소와 해저 케이블 노선을 설계한다. 프랑스에서는 발전이 아니라 송전이 프로젝트의 출발점이다. 물론 이러한 구조로 인해 발전의 속도는 느리지만, 그 대신 정책 일관성과 장기 투자의 안정성은 탁월하다.

이와 비슷하게, 중국은 국가가 모든 것을 통제하는 정책 일체형 모델이라고 할 수 있다. 국유 기업인 국가전망공사SGCC와 남방전망공사CSG가 대륙 전체의 송전망을 양분하여 운영하고, 중앙정부가 정책, 투자, 시공을 총괄하는 형태다.

중국의 대표 정책인 '서전동송'은 서부의 풍력·수력 자원을 동부 연안의 대도시로 보내는 800kV급 초장거리 HVDC 프로젝트다. 중국은 국유 체제의 강력한 추진력 덕분에 세계 최대 규모의 HVDC 인프라를 단기간에 완성할 수 있었으며, 이를 통해 HVDC 케이블, 절연체, 변환소 등 핵심 기술의 자립에도 성공했다. 그러나 이러한 집중은 유연성의 상실로 이어졌으며, 시장 경쟁의 부재와 지역 간 요금 불균형, 그리고 외교 리스크까지 이 정책의 뒤를 따랐다.

이처럼 프랑스는 안정과 통제로, 중국은 집중과 추진력으로 길을 열었다. 둘 다 시장의 논리보다 국가의 전략을 앞세웠고, 그 결과로 이들에게 전력망이라는 국가 운영의 신경계를 새롭게 만들어 낼 수 있었다.

| 조율과 협력의 기술, 민관이 함께 길을 여는 나라들 |

덴마크, 네덜란드, 독일은 공공과 민간이 함께 전기의 길을 여는 협력의 기술을 완성했다. 전력망은 분명 혼자서는 만들 수 없는 길이다. 이들은 단순히 '누가 지을 것인가'의 문제를 넘어, '어떻게 함께 설계할 것인가'의 문제에 해답을 내놓았다. 그 핵심은 공공이 규칙과 표준을 만들고 민간이 속도와 창의성을 더하는 조율 구조에 있다. 이 모델은 국가에서 전력망의 큰 방향을 잡으면서도, 민간의 혁신과 투자력을 최대한 끌어올리는 균형의 예술이라 할 수 있다.

덴마크: 에네르기넷의 조율 능력

덴마크의 에네르기넷Energinet은 100% 국유 공기업이지만, 그 운영 방식은 다른 국가 기관들처럼 폐쇄적이지 않다. 정부가 모든 결정을 통제하는 것이 아니라, 민간 발전사들이 초기 단계부터 기획과 설계 과정에 참여하는 형태다. 그 대표적인 민간 파트너가 바로 오스테드Ørsted와 바텐팔Vattenfall이다. 이들은 풍력 단지를 설계하는 단계에서부터 에네르기넷과 함께 해상 변전소의 위치, 해저 케이블의 경로, 전압 규격을 공동으로 논의한다. 이러한 구조 덕분에 전력 사업에 대한 중복 투자가 줄고, 해상풍력과 송전망 간의 연계 효율이 높아지게 된다.

특히 덴마크의 에너지 섬 프로젝트는 이 협력의 상징이다. 덴마크 정부는 북해와 발트해에 각각 인공 섬을 조성해, 주변 해상풍력 단지의 전기를 집전하고 이를 해저 HVDC 망으로 유럽 각국에 송전하는 구상을 추진 중이다. 이 프로젝트에서 국유 기업 에네르기넷은 공공 플랫폼을 설계하고, 민간은 섬 주변의 풍력 단지를 개발한다. 이는 공공이 길을 깔고 민간이 그 길을 달리는 구조라고 할 수 있으며, 국가가 기반을 만들고 시장이 생태계를 조성하는 방식의 새로운 협력 질서를 보여 준다.

네덜란드: 테넷의 표준화된 통합망

네덜란드는 공공의 계획성과 민간의 효율성이 정교하게 맞물린 대표 사례다. 국유 기업 테넷TenneT은 해상 전력망과 육상 전력망을 통합 설계하고, 모든 해상풍력 단지를 동일한 표준으로 연결한다. 현재 테넷은 네덜란드뿐 아니라 독일 북부의 송전망 일부도 운영하며, 유럽에서 가장 활발한 HVDC 구축 기관으로 손꼽힌다.

네덜란드의 모든 해상풍력 단지는 테넷이 제시한 700MW 단위의 모듈형 표준 설계Modular Offshore Grid를 기반으로 세워진다. 이 표준 덕분에 모든 단지의 전압, 접속점, 변전소 구조가 동일해, 발전 비용이 줄고 유지 및 보수가 용이해진다. 그리고 민간 발전사는 테넷이 마련한 접속점까지만 전력을 보내면 된다.

이 모델의 강점은 확장성과 예측 가능성이다. 정부는 해상풍력 입찰 시 테넷의 표준 규격을 명시하고, 민간은 그 틀 안에서 자유롭게 경쟁하게 된다. 결과적으로 네덜란드의 해상망 구축 속도는 유럽 평균보다 30% 이상 빠르고, 비용은 20% 가까이 절감되었다. 네덜란드는 협력의 기술을 시스템 디자인의 차원으로 끌어올린 셈이다.

독일: 분권 속의 협력

독일의 전력망은 분권형 협력 체제라고 할 수 있다. 50헤르츠50Hertz, 앰프리온Amprion, 테넷, 트랜스넷BWTransnetBW, 네 개의 TSO가 지역별로 전력망을 분할 운영하고 있으며, 이들은 정부가 수립한 국가전력망개발계획NDP에 따라 움직인다. NDP는 연방네트워크청BNetzA과 연방경제기후보호부BMWK가 승인하는 법적 계획 문서로, 독일의 모든 TSO는 이에 따라 투자 우선순위를 결정해야 한다.

흥미로운 점은 이 네 개의 TSO가 모두 민간 회사지만, 공공 감독과 사회적 책임을 동시에 지닌다는 것이다. 테넷과 50헤르츠는 네덜란드와 덴마크 정부가 일부 지분을 보유하고 있고, 앰프리온과 트랜스넷BW는 독일의 산업·연금 펀드가 투자자로 참여한다. 즉, 완전한 민간도 아니고 완전한 공공도 아닌 '공공적 민간기업'의 형태인 것이다.

이 구조 속에서 쥐드링크SüdLink와 쥐드오스트링크SüdOstLink 같은 대형 HVDC 프로젝트가 추진되고 있다. 독일 남북을 잇는 700km급 직류 송전망은 민관 공동 투자로 건설 중이

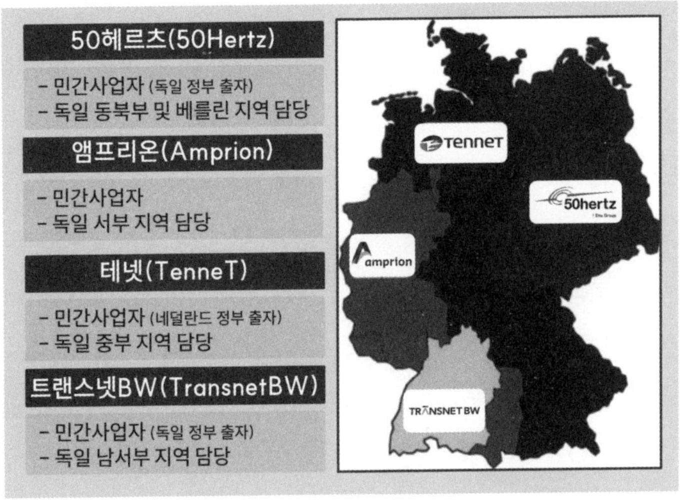

[그림59] 독일의 지역별 송전망 사업자(TSO)

며, 연방 정부는 인허가와 경로 설계의 가이드라인을 제시하고, TSO는 사업자 연합 형태로 실무를 담당한다. 즉, 정부는 방향을 정하고 시장은 실행을 맡는 이러한 균형이 바로 독일식 협력의 본질이다.

지금까지 유럽의 민관협력형 TSO의 사례를 살펴보았다. 덴마크는 유연함, 네덜란드는 표준화, 독일은 분권을 중심으로 하여 각자의 길을 걸어 왔지만, 이들은 하나의 공통된 결론에 이르렀다. 바로 전력망은 혼자서는 만들 수 없는 길이라는 것이다. 이러한 구조 아래에서 공공은 전체 시스템의 조율자이자 표준의 설계자가 되고, 민간은 속도와 혁신의 주체가 되었다.

| 우리나라 전력망의 거버넌스를 다시 짜야 할 시간 |

약 반 세기 동안 한국의 전력망은 전부 한국전력(한전)이 설계하고 운영해 왔다. 단순히 대형 발전소에서 수도권으로 전기를 보내기만 하면 됐던 산업화 시대에는 이러한 구조가 효율적이었기 때문이다. 지금의 한국에서도 여전히 한전은 과도하게 거대한 몸체를 가지고 있으며, 여기에 한국전력거래소라는 아주 작고 예민한 두뇌가 더해져 두 기관이 함께 움직이고 있는 구조이다. 그러나 한전의 독무대라고 할 수 있는 현재의 상황에서 그 리듬은 완벽히 맞아 떨어지지 않고 있다.

한전은 전력망 자산의 가장 큰 주인으로서 송전탑을 세우고 케이블을 설치하는 일을 하지만, 어디에 언제 어떤 속도로 선을 깔아야 하는지는 전력거래소의 신호를 기다려야 하는 입장이다. 반면 전력거래소는 시장의 흐름과 혼란을 가장 먼저 감지하지만 스스로 길을 낼 권한은 지니고 있지 않다. 결과적으로 송전망의 계획과 실행이 어긋나게 되며, 이로 인해 전력망은 늘 한발 늦게 도착하게 될 수밖에 없다.

이 불일치를 바로잡기 위해서는 한전과 전력거래소의 역할을 주도권을 둘러싼 '경쟁'이 아닌 '조율'을 축으로 재설정해야 한다. 한전은 TO로서 전력망 구축의 효율성과 납기 준수율을 책임지고, 전력거래소는 SO로서 시장과 계통의 균형을 설계해야 하는 것이다.

영국은 이미 그 길을 걸었다. 민간 회사인 내셔널 그리드의 한 부문이던 전력계통운영청ESO을 정부가 분리해 NESO로 독립시킨 시도에서 이를 발견할 수 있다. 망의 자산은 TO인 민간 회사가 소유하지만, 그 운영과 계획, 접속 정책, 시장 규칙의 변경 등의 굵직한 결정은 NESO가 주도하게 된다.

유럽 대륙의 TSO 모델도 비슷하다. 민간 기업과 협력하긴 하지만, 네덜란드의 테넷이나 덴마크의 에네르기넷은 모두 망의 주인인 동시에 설계자다. 운영자는 매 순간의 혼잡 데이터를 기반으로 그 신호를 투자 계획에 바로 반영한다. 이 구조에서 전력망은 이제 단순한 기술적 인프라에서 벗어나 하나의 살아 있는 시스템이 된다.

물론 이러한 모델을 한국이 그대로 따라할 필요는 없다. 그럼에도 이 사례들에서 배워야 할 원리는 분명하다. 운영을 위한 두뇌(전력거래소)가 시설 구축을 위한 손(한전)을 제때 움직일 수 있게 해야 한다는 것이다.

따라서 장기적인 전력 계통의 계획을 세우고, 접속 정책을 조정하며, 시장 규칙을 제안하고 변경할 권한을 전력거래소에 부여해야 한다. 그리고 그 결과가 한전의 시설 투자 계획에 자동 반영되도록 법적 연동 구조를 마련해야 한다. 그 반대편에서 한전은 공사비 절감과 납기 준수를 중심으로 한 성과책임형 체계로 개편되어야 한다. 이 단순한 조정만으로

도 한국의 전력망은 지금보다 훨씬 더 빠르고 투명하고 정렬된 구조로 움직일 수 있다.

전력망의 미래는 이제 기술이 아니라 협력의 구조에 달려 있다. 한전과 전력거래소가 각자의 성벽 안에서 일하는 한, 전기는 늘 계획보다 늦게 도착할 것이 분명하다. 공공과 민간이 각각의 한계를 넘어 새로운 거버넌스와 자본의 리듬을 만들 때, 전력망은 비로소 살아 있는 생태계가 된다.

에네르기넷
Energinet

에네르기넷Energinet은 덴마크 정부가 100% 지분을 보유한 국영 송전운영기관(TSO)이다. 2005년, 전력과 가스의 송전 기능을 통합하기 위해 설립되었으며, 본사는 덴마크 프레데리시아에 위치한다. 직원 수는 2024년 기준 약 1,800명이며, 매출액은 약 39억 달러이다.

에네르기넷의 운영 철학은 '공공이 설계하고, 민간이 실행한다'이다. 모든 송전 인프라의 소유와 표준 설계는 에네르기넷이 담당하지만, 해상풍력 단지와 전력 변환소, 해저 케이블 시공은 민간 발전사(오스테드, 바텐팔, RWE 등)와 공동으로 수행한다.

에네르기넷은 해상풍력 접속망을 표준화된 전압·용량·접속점으로 설계함으로써 민간 발전사들이 일정한 규격 안에서 효율적으로 참여할 수 있도록 한다. 이 모델은 덴마크식 민관협력형 TSO 모델로 불리며, 덴마크가 중복 투자와 갈등을 최소화하면

[그림60] 에네르기넷 덴마크 프레데리시아 본사 (출처: DK2 Bygherrerådgivning)

서도 혁신과 속도를 유지하는 비결이다.

에네르기넷의 대표 프로젝트는 바로 '에너지 섬' 구상이다. 이는 덴마크 정부가 2030년대 초까지 추진 중인 초대형 해상 전력 인프라 사업으로, 북해와 발트해 한가운데 인공 섬을 조성하고 주변 해상풍력 단지를 한 곳에 묶어, HVDC 케이블을 통해 이곳에서 생산된 전력을 유럽 각국에 송전하는 프로젝트다. 에네르기넷은 이 섬의 전력 계통 설계와 운영, 그리고 국가 간 연계를 총괄한다.

그 첫 번째 프로젝트인 보른홀름 에너지 섬Bornholm Energy Island은 덴마크와 독일을 잇는 3GW급 HVDC 해상 연계선을 통해 북유럽과 중부유럽의 전력 네트워크를 연결하는 핵심 거점을 마련하려는 시도다. 이 모델은 한 나라의 전력이 유럽 전체의 에너지원이 되는 공유 인프라의 새로운 패러다임을 연 셈이다.

에네르기넷은 재생에너지 비중이 70%가 넘는 덴마크 전력망의 계통 안정성을 책임지는 지휘자라고 할 수 있다. 이 기업은 전국의 풍력, 태양광, ESS, 전기차 충전소를 연결해 전력의 생산, 저장, 소비를 실시간으로 조정하는 가상발전소VPP 운영 플랫폼을 운영하고 있다. 또한, AI 기반 수요 예측과 부하 관리 시스템으로 기상 데이터와 소비 패턴을 연동하여 전력 수요의 예측 오차를 1% 이내로 줄이고 있다. 이러한 유연성 확보 덕분에 덴마크는 2030년까지 '재생에너지 100% 전력 계통'으로 전환할 수 있는 기초를 이미 확보했다.

그러나 에네르기넷의 가장 큰 자산은 기술이 아니라 신뢰이다. 전력망 건설은 언제나 사회적 갈등의 씨앗이 되기 마련이지만, 에네르기넷은 모든 프로젝트 단계에서 공공 대화 모델Public Dialogue Model을 적용한다. 주민 설명회, 시각화된 경관 시뮬레이션 자료, 환경·어업 보상 협약을 통해 이들은 국가 인프라를 국민과 '함께' 짓는 과정을 마련했다.

8

신뢰의 회로가 장벽을 해결한다

벽에 부딪혔다면 돌아서지 말고, 그 벽을 넘거나,
통과하거나, 돌아갈 방법을 찾아라.
(마이클 조던, 미국의 NBA 농구 선수)

○

전기 고속도로는 발전소와 도시, 바다와 육지, 그리고 산업과 생활을 이어주는 길이다. 우리는 지금까지 그 길의 필요성과 기술적 가능성을 확인했다. 이제 남은 과제는 현실의 벽을 어떻게 넘을 것인가에 관련된 문제들이다.

여기서 가장 큰 장애물은 세 가지로, 바로 비용, 갈등, 절차다. 누가 얼마를 부담할 것인가, 주민은 이를 어떻게 받아들일 것인가, 인허가는 얼마나 지연될 것인가가 늘 문제가 된다. 따라서 전력망 확충에는 기술과 함께 사회적 합의의 과정이 필수적이다.

이 장에서는 그 세 장벽을 차례로 짚을 것이다. 먼저 육상 송전이 왜 더디고 비싼지, 그리고 바다를 통한 해저 HVDC가 왜 새로운 대안이 되는지를 살핀다. 이어서 새로운 재원 조달 방식과 주민 수용성의 쟁점, 그리고 '수용'에서 '참여'

[그림61] 전기 고속도로의 장애물

로의 전환이 왜 불가피한지를 볼 예정이다.

| 전기 고속도로, 육상이 어려운 이유 |

전기 고속도로의 필요성에 대해서는 누구도 부정하지 않는다. 전기는 이제 특정한 지역만의 자원이 아니라, 전국이 함께 나누고 연결해야 할 공공 자원이다. 게다가 재생에너지의 공급 확대와 이에 대한 산업 수요의 급증 속에서 초고압 송전망의 중요성은 그 어느 때보다 커졌다.

그러나 막상 그 길을 땅 위에 내려고 할 때 가장 먼저 마주치는 것은 비용과 갈등의 벽이다. 여기에 더해 인허가 절차와 주민 보상 협의, 공사 기간의 지연에 따른 보이지 않는 비용까지 겹치면 문제의 난이도는 한 단계 더 높아진다. 전기 고속도로는 기술적으로 복잡할뿐더러, 무엇보다 돈이 많이 든다. 육상 HVDC 송전망 노선 하나를 완성하려면 발전소 하나를 짓는 것에 맞먹는 자본이 든다.

이 과정에서 가장 큰 비용이 드는 곳은 노선 양 끝의 변환소다. 교류를 직류로 바꾸고 다시 교류로 되돌리기 위해 필요한 이 장치는 1기당 4,000~5,000억 원이며, 한 노선당 2기의 변환소가 필요하니 결국 여기에 1조 원이 훌쩍 넘는 돈이 들어간다. 그뿐만 아니라 변환소 용지를 확보하는 일이나 전자파·소음 기준을 충족하는 일 등까지 고려하면 초기 설계와 엔지니어링에만 수년이 소요될 수도 있다.

송전선로 역시 만만치 않다. 도심에서는 전자파 민원을 피하기 위해 케이블의 지중화가 필수적이다. 지중 케이블은 구조물 보호와, 굴착, 토목 공정이 함께 진행되어야 하며, 이 과정에서 km당 100억 원 이상이 든다. 강릉~신가평 구간의 일부는 km당 258억 원으로, 국내 최고가를 기록했다. 결국 100km만 지중화해도 1조 원이 넘는 셈이다. 게다가 교차로·하천·철도 횡단 구간에는 특수 공법이 적용되어야 하므로 추가로 공사 기간과 비용이 발생하게 된다.

철탑에 설치되는 가공架空 송전선로는 그 비용이 절반이지만, 주민들의 반발은 가장 강하다는 점이 문제다. 철탑이 세워지게 되면서 지역의 경관이 바뀌게 되는 동시에 전자파

와 땅값 하락에 관련된 논란이 이어지기 때문이다. 환경영향 평가와 주민 보상 논의, 노선 변경이 반복되면 결국 공사비는 지중화와 다를 바 없이 비싸진다. 철탑 간선로의 선로 폭, 주민들의 조망권, 농작물 피해, 멸종위기종 서식지 회피 등의 사항들도 여기에 변수로 작용한다.

이러한 점들을 전부 고려했을 때, 200~300km급 HVDC 한 노선의 총 비용은 약 1조 5천억~2조 5천억 원에 달한다. 인허가 지연과 민원 처리, 설계 변경으로 인한 시간 손실까지 생각하면 실질적 비용은 그보다 훨씬 높아진다. 또한 이때 소요되는 기간은 아무리 보수적으로 잡아도 기획에서 준공까지 7~10년이 걸리며, 자재와 인력의 공급망 변동에 따라 예산은 매 단계마다 올라간다.

따라서 여러 현실적 문제들로 인해 단순히 기술력만으로

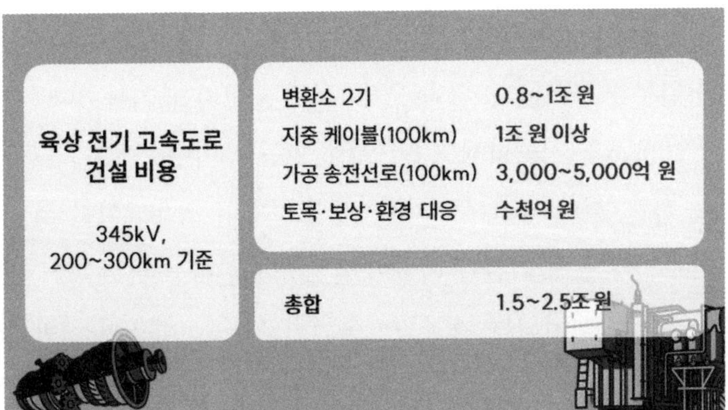

[그림62] 육상 전기 고속도로의 예상 비용

는 송전망을 확충하기가 어렵다. 여기에는 막대한 비용이 들어갈 뿐만 아니라 사회적 협상이 필요한 사항들이 너무나 많기 때문이다. 사실상 전기 고속도로의 난관은 신뢰의 부재에서 비롯된다고 말해도 과언이 아니다. 설계의 정밀함과 더불어, 초기 단계부터의 정보 공개와 공유, 공정한 보상 기준, 지역과 함께 만드는 참여 구조가 동시에 갖춰질 때에야 비로소 전기의 길은 열릴 것이다.

| 바다도 어렵지만 유일한 길이다 |

육상에 전기 고속도로를 설치하는 일이 이토록 어렵다 보니 이제는 전기가 바다를 건너는 시대가 열리고 있다. 서해·남해·동해의 해상풍력 단지에서 생산된 전기를 수도권과 여러 산업 지대로 보내려면 해저 HVDC, 즉 바다 밑의 전기 고속도로가 필요한 시점이다. 문제는 이 길이 육상보다 훨씬 어렵고, 또 훨씬 비싸다는 점이다. 하지만 동시에 이것이 가장 현실적인 해답이라는 점이 참 아이러니하다.

해저 케이블의 설치가 더욱 어려운 가장 근본적인 이유는 바로 끊임없이 움직이는 바다 그 자체다. 수심, 조류, 지형, 태풍, 염분 등 바다의 모든 것이 케이블 설계와 시공의 제약이 된다. 이 모든 것들이 수천억 원짜리 케이블의 수명을 좌

우하기 때문이다. 특히 우리나라처럼 조수간만의 차가 크고 해저 지질이 복잡한 곳에서는 케이블의 매설 깊이, 피복 재질, 진동 흡수 구조를 결정하는 일이 매우 까다롭다.

해저 HVDC 케이블은 직경 수십 cm의 두꺼운 관 형태로, 내부에는 도체와 절연체가 정밀하게 겹겹이 쌓여 있다. 이 케이블을 거대한 드럼에 감은 특수 시공선이 항로를 따라 이동하며 케이블을 깔고, 수심이 얕은 구간에서는 수중 굴착기로 해저를 파낸 뒤 케이블을 매설한다. 수심이 깊거나 조류가 센 구간에서는 워터젯(고압수 분사) 공법이 활용된다. 그리고 어선의 닻이나 해양 구조물로부터 보호하기 위해 케이블 위에는 콘크리트 블록이나 암석 덮개를 설치해야 한다. 그 뒤에도 케이블이 완전히 안착되기까지는 해저 지형 측량, 라이다LiDAR 기반 3D 분석, 시공 후의 열손실 시험까지 복잡한 검증 절차가 뒤따르게 되어 있다.

이 모든 과정은 정밀한 해양공학의 결정체이자 동시에 비용 상승의 근원이다. 케이블 제작 단가만 km당 20~30억 원이며, 설치와 매설 과정을 포함하면 40~50억 원에 이른다. 여기에 해상 변환소는 한 기당 5,000~7,000억 원으로 육상 변환소보다 더 비싸며, 그 무게는 1만 톤을 넘는다. 따라서 파도와 진동, 염분 부식에 견디기 위한 모듈형 강철 구조물과 방진 시스템을 적용하는 것이 필수적일 뿐만 아니라 변환소를 띄우고 고정하는 데는 특수 크레인과 바지선 등이 투입

되어야 한다. 이 시설물의 유지와 보수 또한 쉽지가 않다. 케이블 고장 한 번에 선박, 잠수사, 로봇 장비가 투입되고 수리 기간은 수 주가 소요된다.

케이블이 해안에 닿으면 다시 육상 변환소와 연결하는 지중 송전 구간이 이어진다. 이 과정에서도 여러 복잡한 절차가 겹쳐진다. 만일 새만금과 수도권을 연결할 경우(220km), 사회적 비용을 제외하더라도 약 2~3조 원이 들어갈 것으로 예상된다. 이는 중형 해상풍력 단지 하나를 짓는 비용과 맞먹는다.

이처럼 해상 전력망 구축의 초기 비용은 육상에 비해 크지만, 그럼에도 장기적 편익은 이보다 훨씬 크다고 전망된다. 육상 전력망의 송전 지연으로 발생하는 손실은 연간 500억 원 이상이며, 그 파급 효과를 감안하면 수천억 원의 직·간접

[그림63] 해상 전기 고속도로의 예상 비용

적 손실이 일어나고 있다고 추정된다. 송전망이 부족해 버려지는 전기는 계속해서 쌓여 가므로, 결국 해상 전력망의 확충을 미루는 것은 그에 소요되는 비용을 절감하는 것이 아니라 계속해서 발생하는 손실을 방치하는 일이다.

장기적으로 보면 해저 HVDC 망은 재생에너지 확대, 계통 안정성 확보, 산업 전력 공급을 동시에 해결하는 가장 효율적이고 현실적인 투자다. 따라서 해상 전기 고속도로는 이제 피할 수 없는 선택이다. 재생에너지는 현재 바다 위에서 만들어지고 있으며, 육상의 전력망은 이미 포화 상태이기 때문이다. 우리에게 해저 HVDC는 전기를 막힘없이 이을 유일한 통로이자, 전기의 유일한 미래다.

| 그렇다면 누가 투자 비용을 낼 것인가? |

전기 고속도로의 구축을 위해서는 누가 이 비용을 감당하고 계획을 추진하며, 어떻게 사회적 신뢰를 쌓을 것인가에 대한 국가적 선택이 필요하다. 지금까지는 한전이 대부분의 송전망 투자를 책임져 왔다. 발전과 송전, 배전까지 거의 모든 전력 시스템을 통합적으로 운영하면서 전기 요금에 투자비를 반영해 회수하는 구조였다. 하지만 이제는 한전 혼자서는 모든 것을 감당하기 어려운 상황에 처해 있다. 이제 해답은 국

[그림64] 이 비용을 누가, 어떻게 지불할 것인가?

가 재정 투입, 민간 기업 참여, 제도 개편이라는 세 가지 축에서 동시에 찾아야 한다.

정부가 적극적으로 나서야 한다

국가 경쟁력의 핵심 요소라는 점에서 송전망은 국가의 기반 시설, 즉 공공 인프라가 되어야 한다. 따라서 고속도로를 민간이 독자적으로 깔지 않듯 전기의 길도 국가가 주도해야 한다. 정부는 송전망을 국가적인 전력 인프라로 명확히 규정하고, 우선순위가 높은 구간에 대해서는 공공기금과 에너지특별회계제도 등을 활용하는 안을 검토해야 한다.

유럽의 여러 나라들은 이미 이 방안을 실천하고 있다. 예컨대 독일 정부는 연방에너지기금을 통해 TSO들이 추진하는 HVDC 프로젝트에 직접 보조금을 지급하고 있다. 프랑스의 경우에는 RTE의 송전 설비 투자가 '국가 인프라 프로그램'으로 포함되어 일정 비율의 재정을 국가에서 지원한다. 일본 역시 해상풍력 계통 연계 비용을 '그리드 강화 특별회계'로 분리하여 국가가 직접 부담하고 있다. 미국 또한 2022년 이후 전력망 복원력 및 혁신 파트너십Grid Resilience and Innovation Partnerships, GRIP 프로그램을 통해 송전망 확충에 연방 예산을 투입하기 시작했다.

이제 한국도 마찬가지로 흘러가야 한다. 전력망에 들어가는 비용을 국가 경쟁력에 대한 '투자'로 인식해야 한다. 동·서해안 해상풍력 단지와 수도권을 잇는 해저 HVDC 송전망, EP 프로젝트, 제주 연계선과 같은 기간망은 국가의 에너지 주권과 산업 안보를 지탱하는 인프라가 된다. 따라서 정부는 전략 구간을 지정해 국가 우선투자사업으로 편입하고, 일정 비율의 국가 재정을 송전 인프라 강화에 의무적으로 배정하는 방안을 검토해야 한다.

속도는 시장이, 방향은 공공이

그뿐만 아니라 전력망 건설의 속도를 높이기 위해서는 민간의 자본력과 실행력도 필요하다. 한전의 재무 여력은 이미 한계에 다다랐다. 2022년 이후 한전의 누적 적자는 200조 원에 이르며, 국제 연료비 급등과 요금 규제는 한전의 투자 여력을 급격히 약화시켰다. 이런 상황에서 수조 원이 드는 해상 HVDC 망이나 전국 단위 초고압 송전망을 한전이 단독으로 추진하기는 어렵다.

여기에 대한 해법은 건설-이전-임대를 하나로 묶은 BTL Build-Transfer-Lease과 같은 민관협력사업Public- Private Partnership, PPP을 활용하는 것이다. 이 방식은 민간이 시공과 운영을 맡는 형태로, 송전망을 완공한 뒤 정부나 한전에 소유권을 이전하고 민간은 장기 임대료로 시공 비용을 분할 상환 받는 구조다. 이렇게 되면 국가는 통제권을 유지하면서도 민간의 자본과 효율을 끌어들여 균형점을 이룰 수 있게 된다.

덴마크와 네덜란드는 이미 이 모델을 현실화했다. 양국 모두 해상풍력의 허브 망을 국가가 설계하되, 실제 케이블 제작과 변환소 건설은 민간 컨소시엄이 별도의 특수목적법인인 프로젝트금융투자회사Project Financing Vehicle, PFV 형태로 추진한다. 테넷, 에네르기넷 같은 공공 TSO는 기술 표준과 운영을 감독하고, 시공과 자본 조달은 민간이 맡는 형태다. 그 결과, 공사의 리드 타임은 30% 이상 단축되었으며 정부의 재정 부담도 절반으로 줄었다.

당연히 한국에도 이 구조를 그대로 적용할 수 있다. 해상그리드 사업마다 특수목적법인Special Purpose Company, SPC을 설립하고, 국가나 한전이 지분의 일정 비율을 보유한 채 민간 자본을 유치하는 방식으로 운영하면 된다. 이때 한전과 전력거래소는 기술 표준과 통합 운영 체계를 제시하고, 민간 기업은 구간별 설계, 건설, 유지 및 보수를 맡게 된다. 민간의 자본은 속도를, 공공의 감독은 안정성을 보장하는 것이다. 이러한 모델은 빠르게 완공할수록 수익이 높고 지연될수록 손실이 커지는 시스템을 만들어, 자연스럽게 납기와 효율에 대한 경쟁 구조와 전력망의 적기 구축을 유도하는 효과를 낸다.

편익에 비례하는 요금제 검토해야

마지막으로 전력 요금의 구조 역시 바뀌어야 한다. 지금의 요금 체계는 발전 단가 중심으로 이루어져 있으며, 송전 비용은 요금의 그림자 속에 숨어 있다. 그러나 앞으로 재생에너지가 확대되고 전력망이 본격적으로 확충된다면 송전 비용은 이제 전력 시스템의 핵심 비용이 된다.

따라서 앞으로는 발전, 송전, 배전 비용을 명확히 구분하고 산업 단지나 데이터센터 등 전력을 많이 쓰는 곳에는 송전 부담금을 일부 부과하는 구조가 필요하다. 이는 전력망의 수용 능력을 초과하도록 수요를 유발하는 산업군이 그만큼의 비용을 분담하고, 대신 지역 주민은 이익을 일부 공유받는 형태의 공정한 구조다.

이렇게 되면 송전망 주변에서 발생하는 지역 기금의 일부가 지역 복지, 인프라 구축, 청년 일자리 마련을 위한 비용으로 환원되는 구조가 가능해진다. 이익의 흐름이 전기처럼 순환할 때 사회적 신뢰도 함께 흐르게 되어 있다. 전기 고속도로는 어느 한 주체의 것이 아니라 국가의 혈관이자 모든 국민이 함께 쓰는 공공의 길이므로, 그 비용 역시 모두가 함께 나눠야 한다. 국가가 방향을 잡고, 민간이 속도를 내며, 국민이 공정하게 분담할 때 비로소 전기는 막힘없이 흐를 수 있다.

지금껏 살펴본 것처럼 해상풍력이 늘어날수록 바다 위의 전력망은 더욱 복잡해질 수밖에 없다. 해상 전력망은 육상 전력망보다 3배의 비용이 들 뿐만 아니라 위험도 훨씬 크다. 따라서 지금까지처럼 공공의 재정에만 모든 것을 맡겨 놓는 방식으로는 이 문제를 해결할 수 없다.

지금 필요한 것은 바로 전력의 새로운 패러다임이다. 공공이 방향을 제시하고, 민간이 속도를 내는 구조가 필요하다. BTL, PPP, PFV, SPC 등 각각의 이름은 달라도 국가의 인프라를 함께 짓는 구조라는 점에서 그 본질은 전부 같다. 이제 전기 고속도로는 기술의 문제가 아니라 거버넌스의 문제, 그리고 신뢰의 문제로 옮겨 가고 있다. 국가가 문을 열고, 시장이 들어오며, 국민이 참여할 때에야 비로소 이 길은 완성된다.

| 우리 마을 위로는 지나가지 말라! |

전력망의 가장 큰 난관은 기술도, 예산도 아닌 바로 사람이다. 송전선이 지나가는 곳마다 마을이 있고, 논과 밭이 있으며, 사람들의 삶이 있기 때문이다. 아무리 국가적 필요가 크더라도 그들의 목소리를 잠재우기는 쉽지 않은 일이다.

345kV 이상 초고압 송전선로는 주거지로부터 수백 미터 떨어져야 한다는 기준이 있다. 그러나 산지가 많은 우리나라에서 인구 밀집지를 완전히 피하는 노선을 설계하기란 거의 불가능하며, 결국 어느 길이든 누군가의 생활권을 건드릴 수밖에 없다. 그때마다 환경과 경관 훼손, 전자파 피해, 부동산 가치 하락 논란이 뒤따른다. 정부와 기업은 안전하다고 말하지만, 주민들의 불안은 단순한 숫자로는 쉽게 사라지지 않는다.

그 대표적 사례가 바로 밀양 송전탑 사태다. 2012년, 신고리 원전에서 수도권으로 전력을 보내기 위해 765kV 초고압 송전선 90여 기를 세우려는 계획이 발표되었다. 이 노선은 경남 밀양의 5개 면(단장·상남·부북·산외·청도)을 통과했다. 한전은 이 구간을 국가 전력망의 필수 구간으로 설명했지만, 주민들은 전기를 서울로 보내는 과정에서 발생하는 피해를 왜 자신들이 감수해야 하는지 모르겠다며 건강에 대한 우려와 재산권 침해를 이유로 들며 강하게 반발했다.

밀양의 송전탑 건설 예정지는 대부분 논밭 한가운데였고, 일부는 주거지에서 불과 수십 m밖에 떨어져 있지 않았다. 이 사태로 지역 공동체는 깊이 분열되었을 뿐만 아니라 공공기관에 대한 신뢰가 무너지게 되었다. 이 이후로 정부는 송전선로 인허가 절차와 주민 협의 제도를 일부 개선했지만, 지금도 하남 동서울 변전소를 둘러싼 갈등에선 여전히 같은 문제가 되풀이되고 있다.

경기도 하남시 감북동 일대에 건설 중인 동서울 변전소는 수도권 동남부 전력 공급의 핵심 인프라로, 2021년 착공 예정이었으나 주민 반대와 인허가 지연으로 4년째 멈춰 있다. 지하 30m에 설치된다고 해도 전자파는 완벽히 차단되지 않는다며 주민들은 공사 중단을 요구하고 있으며, 이들은 변전소와 인근의 초등학교, 어린이집과의 거리를 문제 삼고 있다.

한전은 동서울 변전소는 지중 변전소로 설계되어 안전성이 확보됐다고 강조했지만, 이러한 한전의 입장에 주민들은 그 절차가 일방적이었다고 맞선다. 서울행정심판위원회가 2024년 3월 한전의 손을 들어주었음에도 공사는 아직까지 재개되지 못하고 있다.

[그림65] 전기 고속도로의 최대 난관은 주민 수용성이다

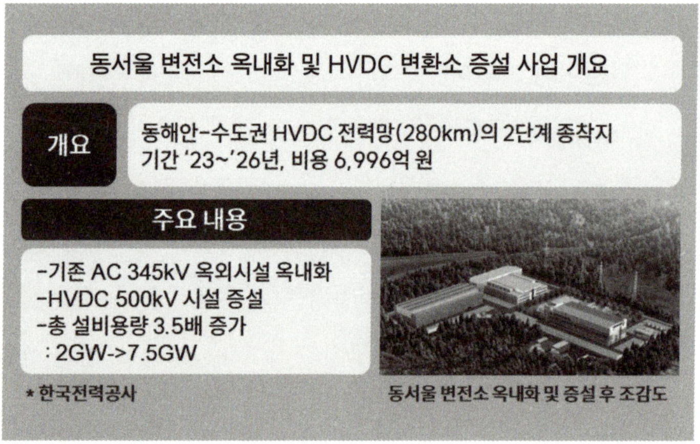

[그림66] 동서울 변전소 사업 개요

이 두 사건이 보여 주는 것은 단순하다. 송전은 기술이 아니라 신뢰의 문제라는 점이다. 철탑보다 먼저 세워져야 할 것은 콘크리트나 철이 아니라, 사람과 사람 사이 신뢰의 회로다. 아무리 과학적으로 안전을 증명해도 그 설명이 일방적이라면 갈등은 반복될 수밖에 없다. 전기 고속도로의 진짜 난관은 사회적 소통의 부재에 있다. 결국 길을 잇는 기술보다 더 어려운 일은 마음을 잇는 일이다.

| 신뢰의 회로를 잇는 법 |

전기 고속도로의 갈등은 언제나 사람 사이의 관계에서 시작된다. 철탑이 세워지기 전부터 이미 사람들의 마음속에는 보이지 않는 벽이 생겨나기 때문이다. 그 벽의 이름은 다름 아닌 '불신'이다.

송전선을 반대하는 목소리는 무엇보다 한 사회가 소통에 실패한 결과다. 지금까지 진행되어 온 인프라 사업의 방식은 효율적이었을지언정 사람들의 마음을 듣지는 않았다. 정부와 기업에서 주민 수용성을 확보하기 위해 각종 설명회, 보상금, 기부금 등을 제시하기도 했지만 그 과정에서도 여전히 주민들은 사업의 외부인이었다. 사업자가 세워 놓은 계획은 이미 정해져 있었고 주민은 언제나 나중에 동의를 받아야 하는 존재에 머물러야 했다.

그러나 이제 세상은 바뀌었다. 가능한 모든 방향으로 정보가 흘러가는 이 시대에, 시민은 더 이상 수동적으로 설명을 기다리지 않는다. 그들은 더욱 적극적인 참여를 원하고

[그림67] 사업 수용자를 넘어 사업 참여자로

있다. 자신이 사는 지역의 미래를 결정하는 일이라면 이들은 단순히 그에 동의하는 대신 함께 미래를 논의하고 결정할 권리를 원한다.

유럽은 어떻게 신뢰의 회로를 만들었나?

유럽은 이 문제를 제도화하여 해결했다. 풍력 터빈이 수평선을 따라 늘어선 독일 북부의 슐레스비히-홀슈타인에서는 발전 사업자가 터빈 1기당 일정 금액을 지역 펀드에 납부해야 한다. 그 펀드는 마을의 학교, 도서관 등을 지원하고 청년 일자리를 확충하기 위해 사용된다. 하지만 더 중요한 것은 주민들에게 풍력 프로젝트의 투자 우선권이 주어진다는 점이다. 그들은 발전소의 주주가 되어 매년 배당금을 받는다. 이는 풍력 발전의 이익이 주민 공동의 자산이 되는 순간이다.

덴마크의 삼쇠섬은 이보다 한발 더 나아갔다. 100% 재생에너지 자립섬인 이 섬의 풍력 터빈 대부분은 주민의 소유다. 협동조합이 발전소를 운영하고 그 수익은 노인 의료와 학교 급식, 마을 발전 기금에 쓰인다. 덴마크 정부는 기술을 지원했을 뿐, 그와 관련된 결정은 언제나 섬의 주체인 주민이 내렸다. 삼쇠의 사람들은 전기를 소비하는 사람들이 아니라 전기를 생산하는 시민으로 존재하며, 그리고 그것은 이들의 자부심이자 공동체의 정체성이 된다.

스코틀랜드의 글라스 바인에서는 발전소 수익의 일정 비

율이 지역 주민이 직업 운영하는 커뮤니티 트러스트Community Trust로 들어간다. 학교, 보육센터, 청년 창업 지원 등 이 기금을 어디에 사용할 것인지는 주민이 직접 정할 뿐만 아니라, 모든 결정은 투표로 이루어지며 기금 사용 내역은 주민들에게 투명하게 공개된다. 이러한 주민 참여의 과정은 지역 민주주의의 훈련장으로서의 역할도 한다.

이 세 가지 사례가 보여 주는 것은 바로 신뢰를 돈으로 살 수는 없지만 구조로 만들어 낼 수는 있다는 것이다. 제도적으로 보장된 구조 안에서 이익이 공유될 때, 사람들이 자신을 '이해당사자'로 인식할 때, 그리고 주민 스스로 기획자이자 투자자, 감시자로 발전 과정에 참여함으로써 신뢰가 생겨날 때, 비로소 갈등은 줄어들고 프로젝트는 더욱 힘차게 앞으로 나아갈 수 있게 된다.

우리가 만들어 가야 할 새로운 계약

사람들은 거대한 변화보다 때로는 작은 연결의 순간에 더욱 쉽게 설득되곤 한다. 주민 참여도 이와 마찬가지의 관점에서 보아야 한다. 거창한 구호보다 함께 논의하는 자리 하나, 보상금 대신 지분을 나누는 제도 하나가 사람들의 마음을 바꾼다. 주민 참여는 당연히 선택이 아니라 권리다. 주민은 정보를 알 권리, 배우고 이해할 권리, 결정에 참여할 권리, 그리고 이익을 함께 나눌 권리를 가진다. 이 네 가지가 보장될 때에야 사업은 정당성을 얻고 신뢰를 회복할 수 있다. 보상은 일시적이지만, 참여는 지속 가능하기 때문이다.

우리도 이제는 '참여형' 에너지 사회로 나아가야 한다. 한전이나 정부가 일방적으로 추진하는 방식은 더 이상 설득력을 갖지 못한다. 지금은 그 대신 지역이 직접 참여하고 보상받는 구조가 필요한 때다. 예를 들어 전력망 주민참여펀드를 조성해 인근 주민이 직접 투자자가 될 수 있도록 하고, 발전 수익 일부를 장학금, 복지 기금, 마을 인프라로 환원하는 방식을 생각해 볼 수 있다. 지자체가 참여하는 에너지 상생 협의체를 만들어 지역 주민의 의견이 사업 초기부터 반영되는 방식도 가능하다.

국가와 시민이 맺는 사회적 계약은 이제 새로운 국면을 맞이하고 있다. 유럽의 풍력 발전이 갈등을 넘어 공동체의 자산이 된 것은 기술이 아니라 이들을 함께 참여시키는 제도 덕분이었다. 한국 역시 주민을 바라보는 시선을 '보상금'에서 '참여'로 돌려야 하는 때가 왔다.

| 국가기간 전력망 확충 특별법, 신뢰의 제도화를 위하여 |

다시금 강조하지만, 전력망은 사회가 에너지의 길을 어떻게 설계할 것인가 그리고 그 과정에 누가 참여할 것인가를 묻는 사회적 계약이다. 수십 년 동안 송전선이 지나가는 지역은 늘 국익을 위해 불편을 감내해야 하는 곳으로 생각되었다. 그러나 전기는 송전망 설치 지역이 아닌 대도시로 흘러가고, 이익은 기업으로 돌아갔으며, 결국 지역사회에 남은 것은 보상금 몇 푼과 마음의 상처뿐이었다.

이 불균형을 바로잡기 위한 첫 번째 제도적 시도가 2025년 9월 시행된 '국가기간 전력망 확충 특별법'이다. 이 법 안에는 우리 사회의 태도가 바뀌고 있다는 신호가 담겨 있으며, 이로써 송전망은 이제 국가 기간 인프라이면서 동시에 사회적 자산으로 정의되기 시작했다.

이 법이 제정되기 이전, 끝나지 않는 인허가 과정과 반복되는 민원으로 발전 사업이 지연되는 사이에 전력 수급은 더욱 불안정해지고 재생에너지의 출력 제한은 더욱 늘어만 갔다. 이러한 상황에서 정부는 관련 절차를 단축하면 문제가 해결될 것이라고 생각했지만, 곧이어 절차보단 신뢰의 부재가 이 문제의 가장 큰 원인이었다는 것을 깨달았다.

그래서 이 특별법은 신뢰를 제도화하는 쪽으로 방향을 바꿨다. 이는 특별법 제20조부터 제25조, 시행령 제26조부터 제31조에 주민과 지자체에 대한 참여와 보상 특례가 세세히 담겨 있다는 점에서 확실히 드러난다. 이 조항들의 핵심은 단순한 물질적 보상이 아니다. 그보다는 드디어 이로 인해 지역사회가 전력망과 연계된 재생에너지 사업에 직접 참

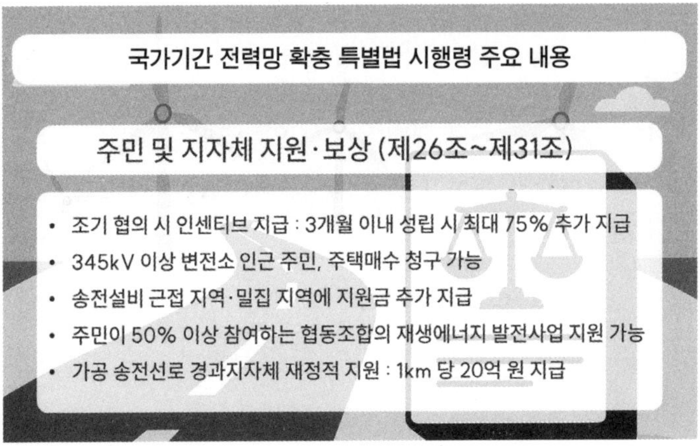

[그림68] '국가기간 전력망 확충 특별법' 시행령 중 주민 및 지자체 보상 내용

여할 수 있게 된 것이 중요하다. 예컨대 지역주민이 풍력·태양광 프로젝트에 출자하거나, 마을 협의체가 일정 지분을 보유해 장기적으로 수익을 얻는 방식이 가능해졌다. 이 이후로 송전선은 지역이 함께 투자하고 함께 소유하는 기반 시설이 되기 시작했다.

이 특별법의 의도는 명확하다. 전력망 확충 과정에서 발생하게 되는 갈등을 해결하는 방법으로 '참여'를 제시하며 패러다임의 전환을 꾀하는 것이다. 이를 위해 이 법은 세 가지 새로운 원칙을 담고 있다.

첫째, 참여를 주민의 실질적 권리로 명시했다. 주민 출자 비율, 수익 배분 방식, 이익 환원 기준을 권고하는 수준을 넘어 주민의 법적 권리로 규정했다. 이제 주민 참여는 선택이 아니라 제도적인 의무가 되었다.

둘째, 투명한 수익 배분 구조를 강제했다. 송전망에서 발생하는 사용료나 전력 판매 수익의 일정 부분을 지역 공동기금으로 적립하고, 그 사용처를 복지, 교육, 청년 일자리 등 공익 목적에 한정하도록 했다. 돈의 흐름이 투명할 때 비로소 신뢰가 쌓이게 된다는 점을 명확히 읽어 낸 것이다.

셋째, 갈등을 예방하는 구조를 만들었다. 노선과 입지 선정 단계에서부터 주민 대표와 지자체가 참여하도록 했고, 기업이 환경, 소음, 경관 문제와 이에 대한 보완책을 사전에 공개하도록 의무화했다. 뒤늦게 설명을 제시하는 것이 아니라, 처음부터 함께 설계하는 방식으로 시스템 자체가 전환되었다.

이 특별법의 기저에는 유럽에서 진행된 오랜 기간의 실험 결과가 있다. 덴마크는 해상풍력 단지 인근 주민에게 최소 20%의 지분을 공개 매각하도록 의무화했고, 독일은 주민협동조합이 송전망과 발전소의 공동소유자가 되도록 제도화했다. 이처럼 이익이 법적으로 공유되는 순간에 신뢰 또한 제도적으로 보장된다. 우리나라의 특별법은 바로 이 철학을 받아들여 제정되었다. 전력망을 '빠르게' 짓는 법에서 '함께' 짓는 법으로 시선을 돌린 것이다.

이제 남은 것은 현실에서의 실천이다. 법은 방향을 제시할 뿐, 신뢰는 여전히 현장에서 만들어져야 한다. 주민과 지자체, 기업과 정부가 서로를 믿지 못할 때, 법의 문장은 그저 공허한 외침이 될 뿐이다. 그러나 만약 이 법이 진짜 작동한다면 한국은 드디어 국가와 지역이 함께 에너지 전환의 주인공이 되는 모델을 만들게 된다.

전력망은 기술로 시작되지만, 그 완성은 사회가 함께 이루어 내야 한다. 수천억 원의 예산보다 더 중요한 것은 사람들의 동의와 신뢰다. 전기가 막히면 불이 꺼지고, 신뢰가 끊기면 사회가 어두워진다. 결국 이 특별법이 열려야 하는 길은 철탑의 길이 아니라, 사람의 마음을 잇는 길이 된다. 그렇게 전기 고속도로는 우리가 함께 만드는 사회의 길이 된다.

효성중공업

효성중공업은 전력기기, 중전기, 산업 기계를 주축으로 하는 종합 에너지 인프라 기업이다. 서울 마포에 본사를 두고, 창원·울산·용인·진천 등 전국에 생산 및 기술 거점을 운영하고 있다. 2024년 기준 재직 중인 임직원은 약 3,500명이며, 매출은 3조 4천억 원에 이른다. 이 매출의 약 40%가 전력기기 및 에너지 설비 부문에서 발생한다.

효성중공업은 525kV급 전압형 HVDC 변환 설비를 국내 최초로 상용화하였다. 특히 2024년 성공적으로 완공된 양주의 200MW급 HVDC 변환 설비는 효성중공업이 보유한 기술력을 보여 주는 징표가 되었다. 현재는 서해안 전기 고속도로 적용을 목표로 525kV, 2GW급 HVDC 변환 설비를 개발 중에 있다.

효성중공업은 STATCOM Static Synchronous Compensator(정지형 무효전력 보상장치) 분야에서도 국내외 시장을 선도하고 있다.

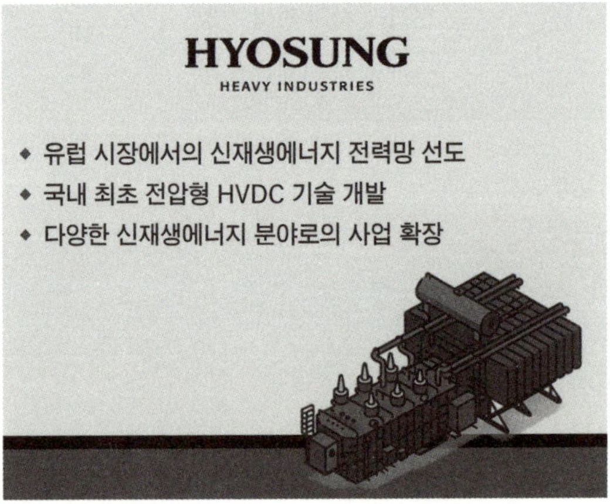

[그림69] 효성중공업

STATCOM은 실시간으로 무효전력을 보상하여 전압 강하와 주파수 불안정을 해소하는 첨단 전력 안정화 장치로, 대규모 풍력 단지와 반도체 산업 단지, 데이터센터 등 전력 부하 변동이 큰 시설에서는 필수적이다.

효성중공업은 한국 최초로 154kV급 STATCOM을 개발해 전남 신안 해상풍력 계통, 평택 반도체 단지, 울산 산업 단지 등에 적용하며 국가 주요 전력 계통 안정화 프로젝트에 공급하고 있다. 최근에는 345kV급 초대용량 STATCOM을 독자적으로 개발해 한전의 주요 변전소에 적용 중이며, 현재 500kV급 초대형 모델까지 개발하는 중으로, 점차 기술의 범위를 확장하고 있다. 이로써 효성중공업은 지멘스 에너지, 히타치 에너지, ABB 등 글로벌 강자들과 어깨를 나란히 하고 있다.

효성중공업의 기술력은 이미 세계 시장에서 검증받고 있다. 현재 미국, 독일, 영국, 사우디, UAE, 인도, 베트남 등 30여 개국에 변압기, 개폐기, HVDC 설비를 수출하며, 변압기의 누적 수출 수량은 이미 1만 대를 돌파했다. 특히 미국 시장에서의 존재감은 단연 두드러진다. 뉴욕, 텍사스, 캘리포니아 등의 주요 송전 프로젝트에 효성중공업의 초고압 변압기가 납품되었으며, 북미 시장에서는 신뢰성과 내구성 면에서 ABB, GE 등과 견줄 만한 유일한 아시아 브랜드로 평가받고 있다.

중동에서도 사우디아라비아와 UAE의 대규모 변전소 프로젝트에 참여하고 있을 뿐만 아니라, 인도의 송전 네트워크 고도화 사업에서도 핵심 공급사로 선정되었다. 이러한 실적은 효성중공업이 글로벌 그리드 솔루션 공급 업체로 자리 잡았음을 보여 준다. 이처럼 효성중공업은 이제 한국형 HVDC 변환 설비와 STATCOM의 선두 주자, 그리고 전기 고속도로 시대를 여는 기술의 심장이라 할 수 있다.

9

전기의 길은 바다로 향한다

상상은 미래를 앞당긴다. 상상하는 만큼 미래는 가까워진다.
(조지 버나드 쇼, 영국의 작가)

○

모든 전력망에는 끝이 있기 마련이고, 그 끝에서 사람들은 늘 새로운 길을 찾는다. 한국의 송전망도 마찬가지다. 이미 포화 상태로 더 이상 철탑이 설 자리가 없는 육지를 벗어나, 전기는 이제 바다를 바라보고 있다.

이러한 상황에서 서해, 남해, 동해를 잇는 거대한 전력의 순환 고리, U-그리드U-Grid가 현재 본격적으로 논의되고 있다. 이 구상은 한국의 산업, 경제, 그리고 공간의 질서를 완전히 다시 그리는 일이 될 것이다. 전기의 길이 끝나는 곳에서 곧 새로운 시대의 지도가 시작되고 있다.

이 장에서는 U-그리드의 윤곽을 그리려고 한다. 한반도를 휘감는 전기의 말발굽인 U-그리드의 구조를 살펴보고, 그 길이 한국의 지역 경제와 산업 생태계에 불어넣을 새로운 숨결을 탐색한다. 그리고 여기서 더 나아가 U-그리드가 동북아 전력 네트워크, 즉 아시아 슈퍼그리드로 확장될 가능성을 가늠하고, 마지막으로는 해상풍력과 HVDC가 만들어 낼 바다 위의 산업 혁신이 어떻게 한국 경제의 지도를 바꾸게 될지를 이야기하겠다.

전기의 길은 더 이상 육지에서 멈추지 않는다. 바다는 이제 우리를 가로막는 경계가 아니라, 전기가 흐르는 또 하나의 길이 될 것이다. 그 길 위에서 지금 한국은 새로운 시대의 첫 빛을 밝히기 시작했다.

| 해상풍력, 길이 있어야 비로소 자원이다 |

한국의 바다에는 바람이 풍부하다. 그러나 바람은 혼자서 전기가 될 수 없으며, 발전기가 돌아가더라도 그 전기를 실어 나를 길이 없다면 그건 여전히 버려지는 바람일 뿐이다. 전기의 길, 즉 송전 인프라가 없는 해상풍력은 그저 바다 위의 고립된 잠재력이다. 한국은 2030년까지 수십 GW 규모의 해상풍력 개발을 목표로 하고 있다. 새만금, 신안, 울산, 동해 등의 해안 지역에서 대형 프로젝트들이 준비 중이지만, 발전보다 더 중요한 연결의 인프라인 전력망이 그 속도를 따라가지 못하고 있다.

새만금에서 생산된 전기는 서화성까지의 HVDC 백본이

있어야 수도권으로 향할 수 있고, 신안과 목포 앞바다의 전력도 해상 그리드에 연결되어 있어야만 기업의 투자와 산업의 순환을 이끌어 낼 수 있다. 송전망이 있어야 에너지가 자원이 되고, 자원이 산업으로 변할 수 있다. 그 길이 없으면 모든 계획은 멈춰 서고야 만다.

이 사실을 가장 먼저 깨달은 곳이 바로 유럽이었다. 덴마크의 에스비에르는 한때 북해 유전의 석유를 실어 나르던 항만 도시였다. 화석 연료의 시대가 저물면서 이 도시는 긴 침묵에 잠겼지만, 이내 북해 해상풍력의 거점으로 산업의 방향을 바꾸며 도시는 다시 살아나기 시작했다. HVDC 변환소와 함께 지멘스 에너지와 베스타스 같은 글로벌 풍력 기업들이 몰려오고, 이 항만은 풍력 기자재의 조립과 운송을 위한 허브로 면모했다. 수소 생산 설비까지 들어서자 이 도시의 바람은 에너지로, 에너지는 수천 개의 일자리를 만들어 내며 도시의 숨결로 변했다. 그렇게 죽은 항만은 다시 '바람의 도시'가 되었다.

또한 영국 동부 요크셔 연안의 험버 지역에서는 영국 정부와 크라운 에스테이트Crown Estate, 그리고 해상풍력산업위원회OWIC가 중심이 되어 2020년대 초부터 본격적인 해상풍력 공급망 구축과 송전망 재정비에 착수했다. 이 프로젝트는 기존 조선·철강 산업이 쇠퇴한 험버강 하구 지역을 중심으로 해상풍력 단지를 개발하고 이를 육지 전력망과 연결하는 송전 인프라를 우선적으로 구축하는 것이 핵심이었다.

그 결과로 전력이 안정적으로 이동할 수 있는 기반이 마련되자, 이 지역엔 터빈 제조, 부품 조달, 항만 서비스 제공, 전력망 운영·유지·보수 산업이 빠르게 정착했다. 영국 정부의 분석에 따르면 이 프로젝트로 인해 약 1만 개 이상의 신규 일자리가 생겼으며, 약 250억 파운드의 지역 투자 및 경제적 효과가 뒤따랐다.

네덜란드 북부의 흐로닝언 지역에서는 천연가스 생산이 수십 년간 지역 경제를 이끌었지만, 2022년 이후 대형 가스전이 폐쇄되면서 산업 기반이 빠르게 약해졌다. 이때 흐로닝언 대학교와 여러 에너지 기업들(가스니Gasunie, 에퀴노르Equinor 등), 그리고 네덜란드 지방 정부가 함께 해상풍력, 수소 생산, 스마트그리드 기술을 결합한 새로운 풍력-수소 복합 클러스터를 구축하기 위해 공동으로 프로젝트를 추진했다.

이들은 북해 해상풍력 단지에서 생산된 전력을 흐로닝언의 항만과 산업 단지로 연결하는 송전 인프라를 먼저 정비한 뒤, 그 전력을 활용해 '그린 수소'를 제조하는 전해조 설비를 확충했다. 또한 스마트그리드 시스템을 도입해 에너지 생산과 저장, 운송을 통합적으로 관리할 수 있는 지역 계통을 만들었다. 이 모든 변화가 어떻게 가능했던 것일까? 바로 천연가스 산업이 빠져나간 자리를 채울 새로운 성장 동력으로 해상풍력과 수소가 만나는 '전력 중심 에너지 체계 전환'을 제시했기 때문이다.

이 도시가 가스전이 고갈된 뒤에도 다시 움직일 수 있었던 것은 우선 전력망을 재구축해 에너지 흐름을 되살린 덕분이었다. 전력망이 마련되자 기업이 돌아왔고, 그에 대한 연구와 투자가 이어졌으며, 이로써 흐로닝언은 '가스의 도시'에서 '그린 에너지의 도시'로 탈바꿈할 수 있었다.

험버나 흐로닝언과 같은 도시들의 공통점은 단 하나, 바로 발전보다 송전이 먼저였다는 것이다. 전력망이 들어서자 에너지가 움직였고, 에너지가 움직이자 산업과 기술, 그리고 사람이 따라왔다. 바람으로 전력을 생산해 내는 풍차는 단지 그 시작일 뿐이었다.

결국 여기에서도 보여지듯, 해상 HVDC 전력망은 산업의 생태계를 잇는 모세혈관이며, 지역의 미래를 다시 그리는 청사진이다. 그리고 해상풍력의 성공은 바람이 아니라 길 위에서 완성된다. 길이 있어야 전기가 흐르고, 전기가 흘러야 산업이 움직인다.

자료 port esbjerg 홈페이지, humberfreeport 홈페이지, Seaport Emden 홈페이지

[그림70] 해외의 다양한 사례들

| 한반도를 휘감는 전기의 말발굽 |

한반도는 지리적으로 닫힌 반도지만, 전기의 흐름은 이제 드넓게 열린 해안을 따라 이어진다. 서해의 태양광, 남해의 수소와 풍력, 동해의 원자력과 액화천연가스LNG, 이 모든 에너지의 조각들을 하나로 묶는 순환 고리인 U-그리드가 부상하고 있다. 이 전력망은 다음과 같은 세 개의 축으로 구성된다.

서해 축: 해남-새만금-인천을 거쳐 수도권으로 연결되는 풍력과 태양광의 축

남해 축: 하동-광양-부산-울산을 잇는 수소와 재생에너지 중심 산업 벨트의 축

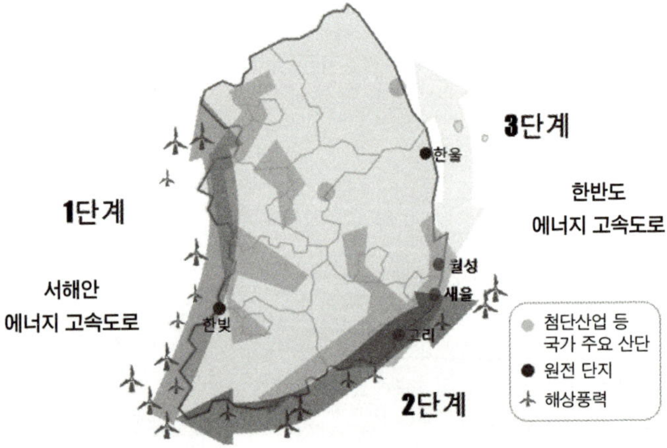

[그림71] U-그리드 (출처: 민주연구원)

동해 축: 울산–포항–강릉을 따라 원자력과 풍력을 수도권으로 직접 연결하는 축

U–그리드는 525kV, 2GW급 전압형 HVDC 기술을 기반으로 설계된다. 이는 장거리 대용량 송전을 안정적으로 수행하며 재생에너지를 수용하는 한계를 넓히는 기술이다. 그리고 동시에 방사형 중심이던 전력 체계를 해안선을 따라 순환하는 구조로 바꾸며 분산형 전력망으로의 전환을 가속화하는 기술이다. 이로써 수도권의 과잉 수요와 지방의 잉여 전력이 교차하고, 한국은 처음으로 에너지 균형의 회로를 갖게 된다.

U–그리드의 또 다른 의미는 산업의 구조 전환이다. 해저케이블, 변환소, 전력 반도체, 해양 설치 선박 등 수십 개의 산업이 이 전력망을 중심으로 한 새로운 생태계를 이룬다. LS전선, 효성중공업, 대한전선 등 한국의 전력기기 기업들이 국내 기술을 기반으로 글로벌 HVDC 시장의 주역으로 도약할 기회를 얻게 되므로, 전기의 길은 곧 산업의 진화 경로가 된다.

마지막으로 U–그리드의 진짜 목적지는 경제다. 전기의 흐름이 지나가는 곳에는 사람이 살고 산업이 자란다. HVDC 공장이 들어서면 수백 명의 기술자가 고용되고, 항만, 물류, 해양 설비 산업이 함께 성장한다. 또한 전력망이 충분히 깔려야만 재생에너지의 출력 제한이 줄고, 발전 수익은 안정되

며, 지역의 투자 유입이 빨라질 수 있다.

이 인프라는 곧이어 지역 순환 경제를 만드는 사회적 장치가 된다. 전남, 경남, 울산의 항만 도시는 HVDC 설비의 생산과 유지·보수 거점으로 바뀌고, 해당 지역의 대학들은 풍력 공학, 전력 기술, 해양 시공을 특성화하며, 이로써 청년 인재가 다시 지역으로 돌아오게 된다.

덴마크의 에스비에르, 영국의 험버, 네덜란드의 흐로닝언이 해상풍력과 HVDC로 도시의 운명을 바꾼 것처럼, 한국의 남해안과 서해안도 전기 산업의 항구 도시로 거듭날 가능성을 품고 있다. 전기 고속도로는 단순한 송전선이 아니라, 지역의 혈류를 다시 순환시키는 경제적 동맥이다.

| 동북아를 잇는 슈퍼그리드 |

전기는 이제 인간이 그은 국경을 넘어 새로운 언어로 외교를 시작하려는 참이다. 북쪽은 국경으로 막혀 있고 남쪽은 바다로 둘러싸인 한국의 전력망은 반도에서 끝날 수밖에 없다. 그러나 에너지의 흐름은 그곳에서 멈추지 않는다. 전기는 바다를 따라 흐르고 그 흐름은 어느새 동북아의 해안선을 따라 '전력의 실크로드'를 그리기 시작했다.

이 구상의 미래를 미리 보여 주는 곳이 있다. 바로 유럽의 북해 에너지 허브North Sea Energy Hub다. 덴마크, 네덜란드, 독일, 벨기에가 참여한 이 프로젝트는 바다 위 인공 섬에 대형 해상풍력 전력을 모아 변환·저장한 뒤, 해저 케이블을 통해 주변국으로 분배한다. 하나의 변환소가 여러 나라의 에너지 허브가 되는, 전력의 '공유 플랫폼' 개념이 여기서 처음으로 구현된 것이다.

과거에 에너지가 '소유'의 논리 아래에서 작동했다면, 이제 전기는 '연결'의 논리를 통해 움직인다. 서로 다른 국경과 경제 체제를 지닌 나라들이 하나의 전력망으로 연결되고, 이때 에너지는 더 이상 국가 간 경쟁의 매개가 아니라 협력의 매개가 된다. 바로 이 점이 유럽의 북해 프로젝트가 동북아에 주는 가장 큰 교훈이다.

한국의 동해는 지금 새로운 가능성의 무대로 각광받고 있다. 러시아 연해주의 수력 발전, 사할린과 블라디보스토크의 가스 발전, 그리고 일본 서해안의 전력 수요가 맞닿아 있는 이 바다는 '동북아 에너지 회랑Northeast Asia Power Corridor'의 중심축이 될 수 있다. 이것이 현실화되면 러시아의 수력이 블라디보스토크를 거쳐 동해로, 한국의 전력이 부산과 울산을 거쳐 일본으로 흐를 수 있게 된다. 우리의 바다는 이제 대륙과 대륙을 잇는 에너지의 교차로로 바뀌게 될 날을 기다리고 있다.

한편, 서해는 한국·중국·일본을 잇는 '에너지의 삼각지대'라고 할 수 있다. 이곳은 바람이 강하고 수심이 얕으며 산업 지대와 도시가 가깝다는 점에서 이상적 조건을 갖는다. 새만금-인천-산둥을 잇는 서해 HVDC 해저 망이 구축된다면, 이제 동북아시아의 세 나라는 재생에너지를 실시간으로 공유하며 서로의 전력 수요 변동에 대응할 수 있게 된다. 예를 들어 한국의 태양광이 넘치는 낮에는 잉여 전력이 중국으로 수출되고, 밤에는 중국 북부의 풍력이 한국으로 들어오는 방식의 국가 간 전력 거래를 통해 하루 단위의 전력 균형이 실현되는 것이다.

변환소, 에너지 저장 장치, 수소·암모니아 생산 설비가 함께 들어섬으로써 이 서해 허브는 전기, 수소, 데이터가 동시에 흐르는 복합 에너지 플랫폼이 된다. 이곳에서 만들어진 그린 수소가 다시 한국의 항만·산업 단지로 공급되면, 서해는 단순한 해상풍력 단지를 넘어 동북아의 그린 산업 중심지로 진화할 가능성을 얻는다.

하지만 기술보다 어려운 것은 역시 외교다. 동북아는 유럽과 외교적 조건이 다르다. 미·중 전략 경쟁, 한·일 역사 문제, 러시아의 에너지 외교, 북한이라는 미지의 변수 등 모든 요소가 마치 전력망의 케이블처럼 서로 얽혀 있다. 전력망의 문제에서 누가 송전선을 통제하는지, 어느 나라의 전력이 어느 나라로 흘러가는지는 곧 경제 안보와 직결된다. 따라서 슈퍼그리드는 단기간에 완성될 하나의 프로젝트라기보다는 장기적인 외교적, 기술적 협력의 여정이다.

여기서 한국이 취해야 할 전략은 두 가지다. 첫째, 직접적인 물리적 연결 이전에 표준화 절차와 기술 협력부터 선점하는 것이다. HVDC 전압 규격, 변환소 통신 프로토콜, 전력 데이터 교환 기준 등을 한국이 주도하여 제시하면, 훗날 실제로 연결이 추진될 때 기술 표준의 주도권을 확보할 수 있게 된다.

둘째, 정치보다 기술이 먼저 신뢰를 만든다는 점을 활용해야 한다. 공동 연구, 해저 케이블 안전 관리, 재난 대응 체계 구축 등 비정치적인 기술 협력을 통해 실질적인 협력 경험을 쌓아 간다면, 그 자체로 외교의 신뢰 기반이 될 수 있다. 결국 전기는 외교보다 더 느리지만, 더 멀리 가는 셈이다.

이제 한국은 전력 네트워크의 설계자로 자리 잡을 수 있는 기로에 서 있다. 국내 U-그리드가 완성되면, 이를 토대로 동해 축은 일본의 니가타·아키타로, 서해 축은 중국 산둥·칭다오로 자연스럽게 확장된다. 이 순환 고리는 훗날 러시아·몽골의 재생 전력과도 연결될 수 있다. 몽골 고비의 재생에너지 연결 프로젝트, 소프트뱅크 손정의의 아시아 슈퍼그리드 구상, 한·중·일 HVDC 연계 연구 등은 이미 그 초석이다. 한국이 이러한 기술과 시스템을 주도한다면 곧이어 동북아 전력 교류의 중심에서 설계, 시공, 운영까지 총괄하는 '아시아 전력 플랫폼 국가'로 성장할 수 있게 될 것이다.

물론 동북아 슈퍼그리드는 아직 먼 이야기지만, 그 방향성은 이미 뚜렷해졌다. 바다 위의 케이블은 단순한 전력선이 아니라 국가 간 신뢰의 선이며, 한국은 그 신뢰를 엮어 내는 에너지 외교의 중추가 될 미래를 앞두고 있다.

| 대한민국 경제를 다시 그리는 해상 그리드 |

지금까지 한국의 경제는 땅 위에서 성장해 왔다. 석탄과 석유가 들어오는 항만, 내륙의 산업 단지, 그리고 전국으로 뻗은 송전탑이 그 성장을 지탱했으며, 그 길을 따라 공장이 세워지고 도시가 자랐다. 그러나 이제 그 무게 중심은 바다로 이동하고 있다. 전기가 흐르는 방향이 바뀌고, 산업의 지도 역시 새로운 축 위에서 다시 그려지고 있다. 서해·남해·동해에 해상 전력망이 구축되면 전국 각지의 재생에너지가 수도권과 주요 산업 단지로 그 어느 때보다 신속하게 흘러 들어갈 수 있다.

이제 바다는 전기를 가두는 공간이 아니라, 에너지가 순환하는 새로운 혈관이 될 것이다. 해상 HVDC 전력망은 기후와 지형의 제약을 넘어, 국토 전체를 하나의 거대한 전기 네트워크로 묶는 역할을 한다. 그리고 이 인프라 위에서 AI 데이터센터, 반도체 팹, 전기차, 배터리 공장 같은 전력 집약형 첨단 산업이 안정적으로 작동하게 된다. 전력망이 산업의 심장 박동을 유지시키는 기술이라면 해상 그리드는 그 심장을 바다 위로 옮겨 놓는 기술이다.

한국형 HVDC 케이블, 변환소, 전력 반도체 기술은 수입 기술을 대체하는 것을 넘어 어느덧 수출 산업으로 성장하고 있다. 한때 우리는 외국의 기술을 들여왔지만, 이제는 우리가 세계의 전력을 설계하는 기술을 수출하려 한다. 주민 반대, 인허가 지연, 환경 갈등으로 인해 송전탑 하나 세우는 데 수년이 걸리는 육상의 송전망은 이제 한계에 다다랐다. 이 지연은 미래 산업의 시간을 갉아먹으며, 이로 인해 연간 수조 원에 달하는 기회비용이 발생하고 있다.

반면, 바다의 길은 다르다. 비교적 갈등이 적은 해상 경로를 통해 전력을 바다에서 직접 산업 지대로 보낼 수 있다면, 송전 기간은 절반 이하로 줄고 산업 경쟁력은 두 배로 높아진다. 그 차이는 단순한 속도의 문제가 아니라, 한국 경제의 패러다임을 바꾸는 구조적 혁신의 시작이 된다.

이제 한국 경제는 전기를 생산하고 수출하는 구조로 산업의 패러다임을 전환해야 한다. 전기의 흐름이 바뀌면 산업의 흐름이 바뀌고, 산업의 흐름이 바뀌면 국가의 지도가 새로 그려진다. 결국 우리가 건설해야 할 것은 대한민국의 미래를 바다 위에 다시 그리는 전기 인프라다.

이 거대한 전환은 어느 한 주체의 힘으로는 불가능하며,

정부와 기업, 지역사회가 함께할 때 비로소 완성된다. 정부는 법과 제도를 정비하고, 해상 전력망의 국가 마스터플랜을 마련해야 한다. 기업은 HVDC, 해저 케이블, 변환소 기술에 과감히 투자해 글로벌 시장을 향해 나아가야 하며, 지역사회는 해상풍력, 항만, 해양플랜트 산업과 연계해 새로운 일자리와 산업 생태계를 만들어야 한다. 여기서 정부는 방향을, 기업은 속도를, 지역은 지속성을 맡게 된다. 이 세 축이 맞물릴 때 해상 그리드는 대한민국 경제의 새로운 순환 체계를 완성시킬 수 있다.

해상 그리드는 기술이자 전략이며, 산업이자 미래다. 그 위를 따라 흐르는 것은 단지 전기가 아니라, 대한민국 경제의 새로운 성장 동력이다. 전기의 길이 바다 위로 이어질 때 한국은 더 이상 에너지의 수입국이 아니라 전기를 수출하는 나라, 그리고 미래 산업의 중심 국가로 다시 태어날 것이다.

한국전력공사

한국전력공사KEPCO는 1961년에 창립된 이래로 한국의 전력 생산·송전·배전의 전 과정을 책임지는 통합 전력 회사로 존재해 왔다. 한국 경제 성장의 뒤편에는 언제나 한전이 있었다고 해도 과언이 아닐 정도로 한국의 산업은 여전히 한전에 많은 부분 의존하고 있다.

한전의 본사는 전남 나주의 혁신도시에 위치하며, 국내외에 8개 지역 본부와 10여 개의 해외 법인을 운영한다. 2024년 기준 임직원 수는 약 2만 1천 명, 연결 기준 매출액은 약 70조 원, 자산 규모는 200조 원에 달한다.

한전이 산업화 시대에 땅 위의 전기를 설계했다면, 이제는 재생에너지와 디지털 산업이 교차하는 바다 위의 전기를 준비하고 있다. 태양광, 해상풍력, 수소, 데이터센터, 전기차 등으로 나타나는 전력 다극화의 흐름 속에서 한전은 이제 단순한 송전 사

[그림72] 한국전력공사

업자가 아니라 국가 전력망의 설계자이자 조정자가 되기를 요구받고 있다. 육상 전력망이 포화된 현재의 상황에서 한전은 해상 HVDC 망을 중심으로 한 전기 고속도로 구축 계획을 추진 중이다.

전기의 흐름이 복잡해질수록, 한전의 역할도 당연히 새롭게 설계되어야 한다. 그동안 한전은 송전·배전 자산의 유일한 소유자이자 운영자였지만, 민간 발전사와 지역 재생에너지 기업이 늘어나면서부터 전력 시장은 더 이상 단일 플레이어의 무대가 아니게 되었다. 이에 따라 정부와 산업계는 전력 거버넌스 개편 논의를 본격화하고 있다.

이에 따르면 기존에 한전이 수행하던 TO 기능은 그대로 유지하되, SO 기능을 지닌 전력거래소KPX의 역할을 강화하는 방안을 검토해야 한다. 영국의 NESO, 유럽의 민관협력형 TSO처럼 '소유'와 '운영'을 분리하고, 중립적인 전력망 운영 체계를 확립하는 것이 이 개편의 핵심 방향이다.

한전이 이제까지처럼 모든 것을 직접 관리하는 시대를 떠나, 공공이 기준을 세우고 시장이 참여하는 체계로 전환해야 한다. 이를 위해 논의되는 방안 중 하나가 '전력망감독원'의 신설이다. 전력망감독원은 기술안정성과 공정경쟁을 감시하며, 이때 한전은 인프라 관리와 계획 수립의 허브로만 남는다.

한전의 미래는 더 이상 독점이 아니라 협력의 생태계 위에 있다. 해상 HVDC 송전망, 대용량 변환소, 송전선로 확충 등 수십조 원대의 인프라 투자를 한전 단독으로 감당하는 것은 불가능하다. 따라서 한전은 전력망 건설 단계에서 민간 자본을 유치하는 민관협력 모델PPP 모델을 적극 활용해야 한다. 다만, 여전히 전력망의 소유권은 TO로서 한전이 가지고 있어야 한다. 결론적으로 한전은 이제 개방과 협력, 조정과 혁신으로 새롭게 태어나야만 한다.

| 에필로그 |

전기를 따라가는 미래

도로가 깔리면 문명이 열린다.
전기가 흐르면 미래가 열린다.

전기는 언제나 우리 곁에 있었다. 휴대폰 알람 소리에 하루를 시작하며, 커피 머신으로 따뜻한 커피를 내리고, 도시를 환하게 밝히는 일에서부터 AI 모델을 학습시키고, 로봇을 움직이고, 하늘을 나는 항공기를 띄우는 일에 이르기까지 우리의 삶에는 전기가 함께한다. 지금 우리는 전기를 통해 오늘을 살고, 전기를 통해 미래를 만들어가고 있다.

하지만 이제 전기는 새로운 길을 찾고 있다. 그 길은 더 넓고, 더 멀리, 더 안정적으로 이어진 길이다. 산을 넘고 도시를 지나며, 바다를 건너고 국경을 넘어야 한다. 그 길 위에 바로 해상 그리드가 있다. 지금까지의 전력망은 육지를 따라 만들어졌으나 이제 우리는 바다로 고개를 돌려야 한다. 해가 지는 서해에서 출발한 전기가 남해를 돌아 해가 뜨는 동해로 흐르고, 그 전기가 한반도를 휘감고 더 넓은 아시아 대륙과 이어질 때, 우리는 새로운 전기 문명의 중심에 서게 될 것이다.

해상 그리드와 전기 고속도로는 이제 국가의 생존 전략이자, 산업의 새로운 플랫폼이 되었다. 이 변화를 맞이하기에 앞서 우리가 던져야 하는 질문은 이제 명확해졌다. 누가 전기를 연결할 것인가? 누가 이 흐름을 설계하고 깔 것인가? 누가 이 흐름의 주인이 될 것인가?

미래는 만들어지는 것이 아니라 깔리는 것이다. 도로를 깔면 도시가 따라오는 것처럼, 망을 깔면 산업이 따라오며 전기를 깔면 미래가 따라온다. 우리는 지금 그 결정적인 갈림길 앞에 서 있다. 망을 깔 것인가, 말 것인가. 전기를 흐르게 할 것인가, 멈추게 할 것인가. 미래를 주도할 것인가, 끌려갈 것인가.

이 책은 단순히 기술과 관련된 이야기가 아니다. 전기는 국가의 근육이며, 산업의 피이며, 시민의 삶을 지탱하는 보이지 않는 신경망이기 때문이다. 이 신경망을 따라 무엇을 만들고, 어디로 뻗어나가며, 어떻게 나눌 것인가는 이제 기술의 문제가 아니라 사회적 합의와 국가 전략의 문제가 되었다. 우리는 단순한 소비자로 남을 것인가, 아니면 미래의 흐름을 설계하고 주도하는 전기 문명국가가 될 것인가의 기로에서 선택을 해야 하는 순간을 마주했다.

이 책을 덮은 당신이 "전기가 이렇게 중요한 거였어?" 하고 느꼈다면, 변화는 이미 시작된 것이다. 전기의 길을 따라가다 보면 그 끝에는 산업의 경쟁력, 삶의 질, 그리고 대한민국의 미래가 있다. 이제 우리는 전기를 더 이상 사소하게 여길 수 없다. 이제는 전기와 함께 미래를 설계해야 할 때다.

오션 그리드

초판 1쇄 발행 | 2026년 1월 14일

지 은 이 | 박영삼, 유지선
펴 낸 이 | 이은성
편 집 | 고정희
디 자 인 | O-H-!

펴 낸 곳 | e비즈북스
주 소 | 서울시 종로구 창덕궁길 29-38, 4-5층
전 화 | (02) 883-9774
팩 스 | (02) 883-3496
이 메 일 | ebizbooks@naver.com
등록번호 | 제2021-000133호

ISBN 979-11-5783-390-0 03560

e비즈북스는 푸른커뮤니케이션의 출판 브랜드입니다.